小川 進 著

ＡＩ裁判

緑風出版

はじめに

AI（人工知能）が現代社会を大きく変えようとしている．特に，個人識別に成果が上がっている．中でも，Amazon が開発した Rekognition は，アメリカの警察で積極的に使われ出した．問題となったのは，黒人を犯罪者であると判定する事例が頻発しているためだ．このソフトは，だれでも無償に近い金額で無制限に使用できる．そこで，4 件の刑事事件に対し，犯人と被告の顔画像を読み込み，結果を出した．すなわち，鑑定人を使わずに，AI で判定することができた．

冤罪事件は 2 つに分けられる．無実の容疑者が検察により被告とされ，犯罪者にされる場合と，犯人が犯行を否認して被告となった場合である．弁護は，「推定無罪」の原則が適用される．この 2 つの場合はいずれも冤罪として扱われる．しかし，いずれも 99.9% の割合で有罪となる．『防犯カメラによる冤罪』（緑風出版）では，年間 240 件の鑑定をこなす橋本正次東京歯科大教授に対し，画像処理で対抗した．過去 4 件の裁判では，2 勝 1 敗の結果となった．99.9% 有罪となる刑事事件で，67% の勝率であった．結局，9 年間で 6 件勝訴し，6 件敗訴した．「冤罪弁護士」の今村核弁護士が，20 年間で 14 件の勝訴であるから，勝率は不明ながら，同様の結果である．

もし，すべての刑事事件で AI を導入したら，どういうことになるだろうか．

個人識別に使用すると，顔画像のデータをベースとして，マイナンバーカードであれば，16,402,088 人（12.8%）が対象にでき

る（2019 年）．パスポートの取得数は，4,332,397（23.5%）で，運転免許は，82,314,924 人（65.2%）である（2018 年）．したがって，運転免許の顔データを用いれば，全体の 3 分の 2 を対象として調べることができ，決定的である．既に，顔画像データベースは完成しており，犯罪捜査で実際使用されている．現状でも鑑定人を使わずに，容疑者を絞り込める．警察の使う鑑定人は，そもそも裁判で負け続けているのである．

防犯カメラは，多くが超広角レンズ（画角 90°）であるが，望遠レンズもある．しかし，反社会勢力に対しては，警察は監視カメラを使用する．ときに，100m 遠方から常時監視する．同時に商店街，コンビニ，郵便局，銀行の防犯カメラも使用される．自動車に対しては，N システムという幹線道路で，車種，番号，運転手を連続撮影する．オービスというスピード違反を自動的に検知し撮影するシステムも幹線道路で稼働している．高速道路では，料金所で車種，番号，運転手を時刻ごとに撮影する．これに，携帯電話，ATM，Suica の時刻と位置情報が加わる．被告人のアリバイが崩されていくわけである．顔認証に誤りがあれば，冤罪事件となる．

AI 技術の可能性として，顔画像の個人識別のほかに，言語，筆跡，音声，アリバイ，交通事故の再現などがある．弁護側がこの技術を身に付けたら，科捜研以上の調査が単独でできることになる．警察はゆるやかに AI を導入している．IT 導入により，鑑定人が従来行っていた鑑定作業もまた弁護側により容易にできるようになってきた．

弁護側が裁判に勝つには，もはや従来の裁判の方式ではなく，

ITとAIを積極的に導入し，警察の上をいく弁護活動が要求される．真犯人の否認事件も，これらの導入で，早い時期に弁護側に認識されることになる．被告人が否認する，偽りの「冤罪事件」も簡単に見破れることになる．弁護士の経験は意味を失うであろう．

　本書では，過去に扱った13例の刑事事件を基にしている．AIとITを使い，6件で勝訴した．また，民事事件でも同様に勝ち続けている．

目次　**Ａ I 裁判**

目　次

1 AI 裁判

AI とは，人工知能であり，「人間のような知能を持つコンピュータ」のことである（西垣通, 2016）．囲碁や将棋ではすでに人間を超えており，将来，すべての領域で，人間の知能を超えることが予想されている．シンギュラリティ仮説である[注1]．また, Google では自動翻訳がすでに提供され，Amazon では画像認識ソフト Rekognition がほぼ無償で提供されている．IBM では Watson が画像認識と言語認識ソフトとして，低価格で使用できる．これらのインターネット経由のソフトをクラウド[注2]という．

一方，米国では，刑事事件で AI がすでに活用され，黒人に不利益な結果が相次いでいる（丸山, 2019）．また，東大でも大沢昇平特任准教授の「AI により『中国人は採用しない』」との発言が問題となり，懲戒解雇された．さらに，AI 搭載のドローンは個人識別ができ，特定の人間を殺害できる．イラン，ソレイマニ司令官は AI 搭載のドローンにより殺された．米国で開発された AI は，まるで小トランプのような「知能」を示している．このことは，ドイツでは小ヒットラーが，ロシアでは小スターリン，中国では小毛沢東の AI が開発されることを示唆している．AI は人間を超える「神」ではなく，悪魔の誕生を予感させる．

さて，AI は，刑事事件でどのように活用できるのだろうか．

1. AI の現状

AI は，様々な領域での展開が始まったばかりで，実際に実用化されているのは，画像の識別と言語機能である．画像の識別は，防犯カメラ画像に写る犯人を特定するさいに応用できる．言語機能としては，音声を文章化し，さらに翻訳し，音声化する機能がある．ここでは，ほぼ無償で使用できる Amazon Rekognition を取り上げる．このソフトは，インターネットからダウンロードし，ユーザー登録後に使用できる．静止画と動画像が解析対象である．適当なデータベースがあれば，犯人の画像識別のみならず，指紋，足形，筆跡，DNA まで特定できる．

2. Amazon Rekognition の特徴

Amazon Rekognition では，機械学習の専門知識を必要とせずに，実績のある高度な深層学習テクノロジーを使用して，アプリケーションに画像およびビデオ分析を簡単に追加できるようになる．Amazon Rekognition を使用すると，画像と動画の物体，人物，テキスト，シーン，活動を特定し，不適切なコンテンツを検出できる．Amazon Rekognition は，非常に正確な顔分析および顔検索機能も備えている．これを使用して，さまざまなユーザー検証，人数のカウントおよび公共安全の使用目的で顔を検出，分析，比較できる．

Amazon Rekognition カスタムラベルを使用して，ビジネスニーズに合わせた画像の物体やシーンを特定できる．たとえば、モデルを構築して，流れ作業上の特定の機械部品を分類したり，不健康な植物を検出したりできる．Amazon Rekognition カスタム

ラベルは，モデル開発の手間のかかる作業を処理するので，機械学習の経験は必要ない．特定したい物体やシーンの画像を提供するだけで，残りはサービスが処理する．

（https://aws.amazon.com/jp/rekognition/）

　Rekognition の主な特徴として，ラベル，カスタムラベル，コンテンツの分析評価，テキスト検出，顔検出と分析，顔検索と検証，有名人の認識，動線の検出がある．

　ラベルとは，画像中の対照物を特定し，名前（ラベル）を付ける機能である．ラベルは，数千種類の名前が用意され，シーン（景観）も特定できる．さらに活動内容も特定できる．

　「カスタムラベル」は，特定の画像に名前を付ける機能である．

　「コンテンツのモデレーション（分析評価）」は，画像と動画の「不適切な」内容を抽出する機能である．

　「テキスト検出」は，画像と動画中の「文字」を検出し，特定する機能である．

　「顔検出と分析」は，画像と動画中の「顔」を検出し，その属性として，性別，年齢，目の大きさ，眼鏡，顔の毛を検出し，その時間変化も測定できる．

　「顔検索と検証」は，画像と動画中の人物の特定ができる．身元確認もする．

　「有名人の認識」は，画像と動画中の有名人を特定できる．「桜を見る会」の動画像に適用されたら，興味深い結果が得られるだろう．

　「動線の検出」は，動画像で複数の人物の動線をとらえること

ができる．スポーツの分野ではすでに使われている．同様にボールの動線も検出し，レフリーの判定に使用されている．以上の特徴をRekognitionのホームページでは以下の事例で示されている．

ラベル（画像中の個々の対象に名称が特定される）

カスタムラベル（特定の対象だけに名称が添付される）

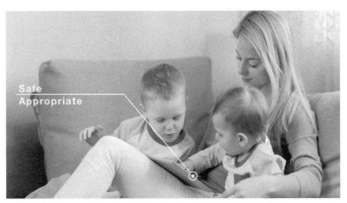

コンテンツのモデレーション（有害な内容を警告）

テキスト検出（文字情報を読み取る）

顔検出と分析（顔を検出し，その属性を示す）

顔検索と検証（顔を画像から読み取り，人物を特定する）

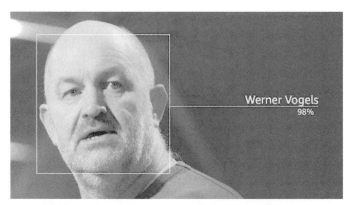

有名人の認識（画像ライブラリにある有名人を特定する）

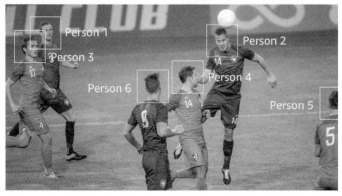

動線の検出（複数の人物の動線を検出する）

3. Amazon Rekognition の実際

まず，ホームページを開く．

https://aws.amazon.com/jp/rekognition/

AWS アカウントを設定してログインする．メールアドレス，パス

ワード，使用者名（アカウント名）を入力する．これにより 12 カ月間無償で Rekognition が使用できる．料金は，100 万画像まで 1000 画像につき 1US $ が月ごとに加算される．

　ここでは顔照合を実際の刑事事件で試行した．

1）南風原事件の被告人と防犯カメラ画像を比較した．結果は Invalid Parameter Exception（無効なパラメータの除外）となった．つまり，解析不能であった．検察側の鑑定は，橋本正次東京歯科大学教授に同一人とされた．判決は有罪が確定した（岡島実弁護士ほか）．

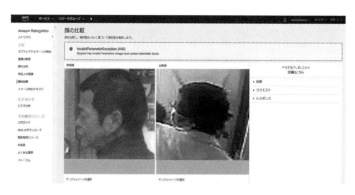

図 1　顔の比較．左が防犯カメラ画像，右が被告人．結果は「判定不能」．

2）公然わいせつ事件について，同様に被告人と防犯カメラ画像を比較した．検察側鑑定人は同じく橋本正次東京歯科大学教授である．この場合，類似度（similarity）は 99.8％となった．しかし，判決は理由を示されず無罪が確定した（足立啓輔弁護士ほか）．

18

図 2　顔の比較．左が防犯カメラ画像，右が被告人（合成画像）．結果は類似度 99.8%．

この時期（2018），同教授は年間 240 件の鑑定を行った.

　なお，同時に起訴された強制わいせつ事件については，DNA 鑑定などの証拠により，有罪が確定した.

　同事件は橋本正次東京歯科大学教授により鑑定され，同一人と判定された．裁判は，一方は有罪，他方は無罪となった．Rekognition の結果は，一方は「判定不能」，他方は類似度 99.8% となった．判決とは全く逆の結果であった．実に興味深い結果となった.

3）道交法違反事件では，今泉和彦科学警察研究所技官は，被告人はスピード違反カメラ（オービス）画像の犯人と同一人と鑑定した．それに対し，Rekognition は別人であると判定した．控訴審判決は逆転無罪で確定した（市原史雄弁護士ほか）.

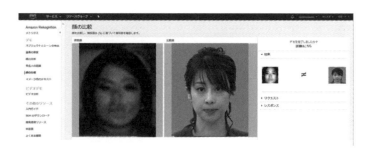

図 3　顔の比較. 左がオービス画像. 右は被告人（合成画像）. 両者は別人と判定した.

　このように，橋本正次東京歯科大学教授，今泉和彦科学警察研究所技官の同一人とする各鑑定に対し，Rekognition は，「判定不能」，類似度 99.8％，別人と判定した. 判決は有罪，無罪，無罪であった. 判定不能の条件は以下の場合である.

(1)　解像度が低い.

(2)　夜間でコントラストが弱い.

(3)　顔の部品（目鼻口）が欠けている. メガネ，マスク，横顔の場合である.

　3 事件は，検察側鑑定人がいずれも同一人との有罪判定であった. 判決が無罪となっているのは，裁判官がこの検察側の 2 鑑定人をほとんど信用していないこと示している. また，道交法違反の事件において，運転免許証の写真が参照されたことは，ビッグデータが使われ始めたことを示す. AI の個人識別のソフトが本格的に使用されれば，運転免許証の写真から犯人の特定が秒単位で

できる．鑑定人どころか，警察の犯人探しも AI に取って代わられようとしている．

　AI のソフトは比較的単純なアルゴリズム（計算手法）であるニューラルネットワーク[注3]とディープラーニング[注4]を基礎としている．普通の大学生ならだれでも容易にプログラムを組むことができる（チーム・カルポ，2019）．したがって，現実の裁判でも事件に合わせてプログラムを組み，導入する機会が間違いなく増える．今や科捜研や科警研あるいは検察側の鑑定人の多くが職を失う時代となった．

（注）AI に関する重要な用語
(1) シンギュラリティ仮説

　未来学上の概念であり、人工知能自身の「自己フィードバックで改良、高度化した技術や知能」が，「人類に代わって文明の進歩の主役」になる時点のことである。第4次産業革命としても注目を集めている（ウィキペディア）．シンギュラリティとは，技術的特異点である．2045 年に AI が人間の知能を超えるとされている．

(2) クラウドコンピューティング

　インターネットなどのコンピュータネットワークを経由して、コンピュータ資源をサービスの形で提供する利用形態である．略してクラウドと呼ばれる（ウィキペディア）．アマゾンでは，画像識別のソフト，Rekognition, Google では自動翻訳機能，そして IBM では Watson が提供されている．これにより，だれでも画像識別と言語認識が無償ないし低価格で自由に使用できる．

(3) ニューラルネットモデル

　脳の特性に類似した，多数の神経により構成される数理モデルである．各神経は，入力信号に対し，閾値で出力信号を 0，1 とする．神経は結合によりネットワークを形成している．学習により神経の閾値を変化させ，問題に対する最適な解答を提供する（チーム・カルポ，2019a）．

(4) ディープラーニング

　ディープラーニングとは，深層学習と訳される．4 層以上の人工ニューラルネットワークによる機械学習手法である．それ以前，4 層以上の深層ニューラルネットは，技術的な問題によって十分学習させられず，性能も良くなかった．しかし，多層ニューラルネットワークの改善，計算機の能力向上，訓練データ提供によって，学習が著しく向上した．その結果，音声・画像・自然言語を対象とする問題に対し，高い性能を示すようになった（チーム・カルポ，2019b）．

(5) 強い AI，弱い AI

　人工知能（AI）が真の推論と問題解決の能力を身につけられるか否かをめぐる論争において用いられる用語である．強い AI によれば、コンピュータは単なる道具ではなく，正しくプログラムされたコンピュータには精神が宿るとされる（ジョンサール）．それに対し，弱い AI は人間がその全認知能力を必要としない程度の問題解決や推論を行うソフトウェアの実装や研究を指す．単なる特定問題解決器でしかない．囲碁，将棋のソフトが該当する．強い AI は「意識」を持つ．

(6) AI 裁判の事例

テグマークは以下のような AI 裁判を提示している（丸山, 2019）.

ロボット裁判官が，あなたに 10 年の禁固刑を言い渡したとしましょう．あなたがその理由を尋ねると，ロボット裁判官は「ワタシハ 15 テラバイトノデータデ訓練サレマシタ．コレガワタシノ判決デス．ピピ！」と答える（後略）.

さらに米国では，受刑者を釈放すべきか否かを助言する AI システムが使われ，黒人が不利になるアルゴリズムが組まれていたことが判明した.

参考文献

1) 西垣通, 『ビッグデータと人工知能』, 中央公論新社, 2016.
2) 西垣通, 『AI 言論』, 講談社, 2018.
3) 丸山俊一, 『AI 以後』, NHK 出版, 2019.
4) チーム・カルポ, 『必要な数学だけでわかるニューラルネットワークの理論と実装』, 秀和システム, 2019a.
5) チーム・カルポ, 『必要な数学だけでわかるディープラーニングも理論と実装』, 秀和システム, 2019b.

2 防犯カメラ画像による個人識別

防犯カメラによる個人識別は，顔の法医学的特徴を根拠に行われてきた．検察側の鑑定は，橋本正次東京歯科大学教授によるもので，年最大240本の鑑定を記録している．同教授との最初の対面は南風原強盗事件（2009年4月16日，岡島実弁護士）であった．次いで法政大学器物破損事件（2009年2月19日，藤田正人弁護士），千葉公然わいせつ事件（2015年4月24日，足立啓輔弁護士）と3回の対面であった．橋本鑑定は，低解像度の画像から顔の部品の特徴の異同を定性的に判定し，犯人を同定する．顔の部品の特徴は数ミリであり，画像の解像度は1センチ程度で，異同を議論することはできない．しかし「私には見える」と強弁し，有罪の判定を繰り返した．同教授は舞鶴女子高生殺害事件では，身長の同定も行っていたが，裁判所は橋本鑑定を退けた．

そこで，南風原事件では身長の同定を試みた．画像中の被害者の身長（150cm）と金庫の高さ（180cm）を対照として犯人の身長を同定した．身長の同定には，帽子，靴高，歩幅が誤差として解像度に加えて発生する．誤差が相殺すれば，問題ないが，加算されると，5cmに及ぶ．さらに，防犯カメラ特有の誤差として，超広角レンズによる「歪」がある．この歪を除去する2つの決定的な作業が以下の公然わいせつ事件で試みられた．

1. はじめに

足立啓輔弁護士（国選）より，次の2件の鑑定依頼があった．

(1) 公然わいせつ事件（平成27年4月24日，マンションA）

(2) 強制わいせつ事件（平成 27 年 5 月 26 日，マンション B）

　いずれも，千葉市内の直近のマンションを狙ったわいせつ事件
で，防犯カメラ画像が証拠として県警より提出されていた.

2.　方法
　身長の計算対象とする画像は以下のとおりである.

写真 1　犯人の画像. 公然わいせつ 3 点と強制わいせつ 1 点

写真 2　犯人と小学生

写真 3　犯人と被害者女性

　ここで，参照する被害者の身長は被害届より，以下のとおりである．

表 1　被害者の身長

被害者	身長
(1)　公然わいせつ事件，A 子	135cm
(1)　公然わいせつ事件，B 子	110cm
(2)　強制わいせつ事件，C 嬢	155cm

　次に，公然わいせつ事件で使用された身長推定の詳細を示す．

写真 4　防犯カメラ位置　左：公道からの撮影，右：下からの撮影

　防犯カメラの位置から，車道までの距離，カメラの高さが求められる．実際に写っている画像の中心位置から，カメラの画角，俯角，方位角がそれぞれ定まり，表 2 となる．

表 2　防犯カメラの諸元

諸元	数値
レンズ面から車道までの距離	17.2m
カメラ高さ	3.287m
カメラ画角	90°
カメラ俯角	19.4°
カメラ方位角	9°

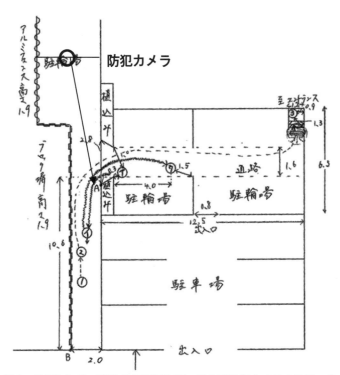

図1 公然わいせつ事件の現場見取図. 黒丸は防犯カメラの位置, 矢
印は撮影方向.

　対象とする犯人の画像から, 図1の現場見取図上に犯人の位置
を落とした. 防犯カメラの画像の水平方向の画角を 90° として,
画像上で, 犯人の頭頂部と足部の位置を, 画像中心 (0, 0) から
の角度 (α, β) として求めた. これより, 次式からそれぞれの身
長を算出した.

29

$$H = L(\tan(\theta - \beta_2) - \tan(\theta - \beta_1)) \cos \alpha \qquad (1)$$

ここで，H：犯人の身長（m），L：防犯カメラから犯人までの水平距離（m），θ：カメラの俯角（度），β_1：犯人頭頂部の画像中心からの鉛直角度（度），β_2：犯人足部の画像中心からの鉛直角度（度），α：犯人の重心から画像中心までの水平角度（度）である．写真 1〜3 に示す 3 点の犯人画像より 3 個の推定身長が求められる．同時に 3 人の被害者の身長も求められる．

防犯カメラは，超広角レンズを使用し，画角も 90° という広い空間を撮影するため，すべての線画像は曲線にゆがめられる．しかし，身長は測量の手順で求めることができる．そのさい，画像を碁盤目に分割し，その点座標を角度で表示する．こうすることで，任意の画像から，測量による実測値があれば，身長は容易に推定できる．要するに，画角は三角法（$H = L \tan \theta$ ；H：高さ，L：距離，θ：俯角）で寸法に変換できる．距離と俯角から高さが求められる．

図2 防犯カメラ画像に画角の座標を表示することで，すべての点は
角度の座標で表現される．頭部の座標と足部の座標から，それ
ぞれ鉛直方向の角度が求められ，中心0のカメラの俯角（19.4°）
から，実空間のカメラからの鉛直方向の角度に変換される．

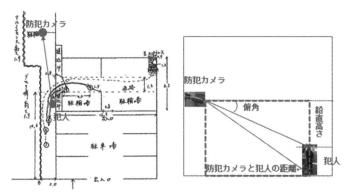

図3 防犯カメラからの犯人までの距離と俯角

3. 結果

写真 1 の画像では,計算は以下のように実行された.

まず,写真より犯人の頭部と足部の角度を読み取る.次に図 1 より,犯人とカメラの距離を求める.同時に被害者の数値も読み取る.

表 3 計算の諸元

諸元	数値
犯人の頭部の鉛直座標 β_1	7.4°
犯人の足部の鉛直座標 β_2	−5.47°
カメラの俯角 θ	19.41°
犯人とカメラレンズの水平距離 L	7.024 m
犯人の重心の水平座標 α	−2.24°

これより,(1)式に代入すると,

$$H = L(\tan(\theta - \beta_2) - \tan(\theta - \beta_1))\cos\alpha$$

$$H = 176 \ (\text{cm})$$

が求められる.同様に,被害者の画像も計算すると,それぞれ,
129cm, 107cm が求められる.

写真 1 の犯人の身長推定の結果を表 4 に示す.

表4 犯人の推定身長

写真番号	犯人の推定身長
A	176cm
B	175cm
C	177cm

　被告人の身長は173cmである．被告人の使用したナイキの靴底は4cmの高さであった．

4．結論

　公然わいせつは無罪，強制わいせつだけが有罪となった．直ちに控訴，しかし，懲役2年の刑が確定した．AmazonのRekognitionを使ったところ，公然わいせつの犯人画像は被告人と一致した．

　被告人は，わいせつ事件の常習者であり，係争中にも別件で逮捕された．

3 ビッグデータによる犯人の特定

AI では，ビッグデータが決定的な役割を果たす．防犯カメラや監視カメラの画像から個人識別を行うのに，最も確実なデータベースは運転免許証の写真である．マイナンバーカードが，16, 402, 088 人（12.8％）（2019 年），パスポートの取得数が，4, 332, 397（23.5％）で，運転免許は，82, 314, 924 人（65.2％）である（2018 年）．自動車に関する犯罪のみならず，一般の犯罪の個人識別にも十分適用できる．ここでは，実際に刑事事件で使用された運転免許証の写真からの犯人の識別事例を示す．福岡で起きた交通違反（2017 年 12 月 25 日，市原史雄弁護士）で，オービスと言われるスピード違反を取り締まるカメラ画像が対象となった．科捜研（廣重憲一研究員）と科警研（今泉和彦技官）の鑑定で事実誤認があり，被告の有罪が 1 審でくだされたが，控訴審で逆転勝訴となった（福岡高裁，2019 年 11 月 14 日）．

1. 鑑定内容

2017 年 12 月 25 日，被告人に対し，道路交通法違反で起訴された刑事事件について，市原史雄弁護士から以下の項目で鑑定依頼があった．

（1）被告人とビデオカメラに写る犯人との画像の識別
（2）被告友人とビデオカメラに写る犯人との画像の識別

これらについて，以下の方法で鑑定した．

2. 鑑定方法

(1) 使用した資料

① 起訴状

② 甲号証（1〜8号）

③ 乙号証（1〜8号）

④ 弁号証（1〜9号）

⑤ 冒頭陳述要旨（検察官，弁護人）

⑥ 証拠等請求書（検察官，弁護人）

⑦ 証拠意見書，証拠調請求書，鑑定請求書（弁護人）

(2) 撮影したカメラの諸元

　福岡県福津市津丸578番地の2付近道路（国道3号線）にある監視カメラの位置を図1に示す．また，被告人の運転した自動車（スズキ，スペーシア）を図2に示す．表1に同車の諸元を示す．図3に監視カメラに捉えられた自動車と犯人の画像を示す．カメラの高さは，図1より推定することができる．図2に示す基準点の座標の実寸は，表1の数値より求めることができる．図3に示す基準点は，カメラからの俯角に対応している．

表1　自動車の諸元

全長	車幅	車高
3395mm	1475mm	1735mm

図1　国道3号線（福岡県福津市津丸578番地の2付近）の監
　　　視カメラ（円内）

図2　スズキ，スペーシアの3面図（丸は基準点，座標 x, z）

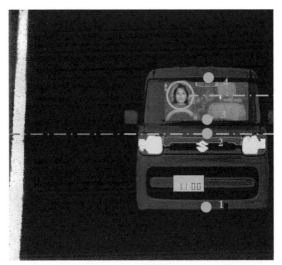

図 3　監視カメラに捉えられた自動車と犯人の画像（点は基準
点，丸は犯人頭部）．本画像は合成画像で原画像とは異な
る．

　図3に示すカメラからの各基準点の俯角と図2に示す各基
準点の実寸の座標とは，次式で結びつけられる．

$$H - z = (L + x) \tan \theta \qquad (1)$$

ここで，H：カメラ高さ（m），z：基準点の高さ（m），L：カ
メラからの水平距離，x：基準点の x 座標（m），θ：カメラか
ら対象への俯角（度）である．
　カメラからの水平距離と俯角は未知であるが，図3上の各
基準点の y 座標は，俯角に対応しているため，次式で表され

る.

$$y = a\theta + b \tag{2}$$

ここで，y：基準点の縦座標(mm)，a：係数，b：定数である.

4つの基準点から，L，θ, a，b の最適値を求めることができる．すなわち，カメラから犯人頭部への俯角とカメラの焦点距離がわかる．結局，図3を撮影した条件は表2にまとめられる．

表2　犯人の撮影条件

カメラ高さ	俯角	カメラからの距離
5.764m	18.36°	14.36m

使用されたカメラは，焦点距離194mm（35mm フィルムカメラ換算）の望遠レンズを使用したと推定される．

3.　犯人の識別

図4に図3の犯人，被告人，友人の画像を示す．

図4　犯人（左），被告人（中），友人（右）の画像.

　図4の左，1点鎖線は座席上部を示す．犯人の頭部が座席
の上端に達していることが分かる．

　これらの画像の識別を定量的に行うために，全頭高，頭幅，
頬弓幅，瞳孔間隔を各画像から読み取り，全頭高で除算し，
残りの3項目での比較をして，識別を行う．カメラの俯角に
よる補正も考慮する．図5に測定箇所を示す．

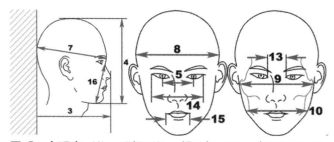

**図5　全頭高（4），頭幅（8），頬弓幅（9），瞳孔間隔（5）.
カッコ内の数字は測定位置（参考文献1）.**

　表3に被告人と友人の各部の寸法を示す．

表3　被告人と友人の頭部の寸法（mm）

測定箇所	被告人	友人
全頭高	190	200
頭幅	160	161
頬弓幅	121	123
瞳孔間隔	63	63

表4に画像に写る犯人，被告人，友人の各部の寸法を示す．ただし全頭高で規格化した．

表4　犯人，被告人，友人の頭部の標準化寸法

測定箇所	犯人	被告人	友人
頭幅/全頭高	0.751	0.842	0.805
頬弓幅/全頭高	0.605	0.637	0.615
瞳孔間隔/全頭高	0.309	0.332	0.315

犯人，被告人，友人の各部寸法から，犯人との類似度を規格化寸法との比で表5に示す．

表5　被告人と友人の頭部特徴の犯人との類似度．各項のカッコ内は誤差．

測定箇所	被告人	友人
頭幅/全頭高（2.9%）	1.12	1.07
頬弓幅/全頭高（3.1%）	1.05	1.02
瞳孔間隔/全頭高（5.4%）	1.07	1.02

したがって，表5に示す頭部の特徴から，被告人と友人との犯人との類似度は，犯人の画像の解像度により判別される．犯人頭部付近の画像の解像度を2.6mmとすれば，表5に各項の数値に示す誤差を含む．頭部の類似度は，被告人が79%，友人が90%となり，誤差を考慮しても，有意に友人が犯人

である確率が高い.

　次に，犯人，被告人，友人の耳について，その位置を図6
に示す.

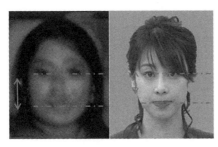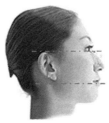

図 6　犯人（左），被告人（中），友人（右）の右耳の位置（矢
　　　印）

　犯人の耳の位置は低く，目から口の位置にある. 一方，被
告人の耳は目に近い位置にあり，友人の耳は目から口の位置
にあり，犯人に近い. したがって，友人は犯人の可能性が高
い.

4.　結論
　監視カメラに写った犯人の画像と，被告人と友人のそれぞ
れの画像を，頭部の特徴を示す寸法を計測した結果から，以
下の結論に達した.

(1) 頭部の特徴である全頭高，頭幅，頬弓幅，瞳孔間隔の計

測から，被告人が犯人である確率は，友人よりも低く，友人が犯人である可能性が高い．

(2) 犯人の耳の位置は目から口の位置にあり，一方，被告人の耳は目に近い位置にあり，友人の耳は目から口の位置にある．よって，友人が犯人の可能性が高い．

したがって，以上の結果より，道交法違反の犯人は，被告人の友人であると結論される．被告人は犯人ではない．

その後，1審で有罪となったが，控訴審では，科学警察研究所今泉和彦技官および科捜研廣重憲一研究員の下した犯人と同一との鑑定は退けられ，逆転無罪となった．

参考文献

1）産業総合技術研究所，日本人頭部寸法データベース，2001.

付録：AI による個人識別

科捜研と科警研による運転免許証写真を用いた個人識別は被告人をいずれも犯人とした．Amazon Rekognition の結果は以下に示すように，否定された．

4 1秒間の犯行（1）東淀川郵便局窃盗事件

防犯カメラでは，データ保存のため，画像の解像度が下げられ，画像のコマも1秒間で1ないし2コマになる．したがって，犯行時間が1秒という刑事事件が発生する．ここでは，東淀川郵便局窃盗事件（2012年9月27日，保木祥史弁護士）と済昭園虐待事件（2015年12月25日，出口聡一郎弁護士）を取り上げる．前者は，2012年9月27日16:01，大阪市東淀川区下新庄の東淀川郵便局内で発生した窃盗事件である．防犯カメラに映る被告人が容疑者として逮捕された．鑑定により1審で無罪確定．後者は，養護老人ホームで起きた虐待事件で，1審で無罪が確定した．

1．鑑定概要

東淀川郵便局（下図参照）での被告人によるボールペン・ポストカードセットの窃盗の可能性について，以下の3点を検討した．
- （1）商品の図柄
- （2）商品の寸法
- （3）被告人の動作

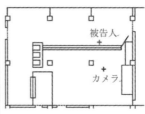

写真1 東淀川郵便局全景　　　図1 現場平面図

2. 図柄の相違点

(1) はじめに

　被告人が16時5分23秒に手に持っていた商品が何であるかについて，まず，図柄の点から検討を行った．盗まれたとされるボールペン・ポストカードセットの表と裏の画像及びプーさん・スティッチ一筆箋2冊セットの表と裏の画像の解像度を，防犯カメラ画像と同程度まで落としたうえで，被告人が手に持っていた商品との比較を行った．

　比較は，まず画像上に見られる特徴パターン及び色について行った（(2) 参照）．さらに，同一の画像であるかどうかを定量的に判別する方法として，ここでは，パターン判別法（(3) 参照）及びスーパーインポーズ法（(4) 参照）を用いて検討を行った．

(2) 画像上の比較

　写真2は犯行現場の防犯カメラの16時5分23秒の画像である．写真3は盗まれたとされるボールペン・ポストカードセットの表と裏の画像，写真4はプーさん・スティッチ一筆箋2冊セットの表と裏の画像である．

写真2　16：05：23の状況．円内に商品がある．

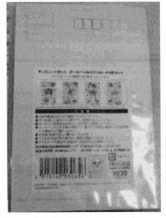

写真3　ボールペン・ポストカードセットの表（左）と裏（右）

写真4　プーさん・スティッチー筆箋2冊セットの表（左）と裏
　　　（右）

　　写真2より被告人の手にある品を抽出したのが，写真5である．
写真5の解像度は30×19ピクセルであり，写真3の解像度を写
真5の解像度（30×19ピクセル）に合わせたのが写真6である．
特徴パターンを楕円で示す．

写真5　被告人の手の品　　写真6　ボールペン・ポストカードセ
　　　　　　　　　　　　　　　　　ットの表（左）と裏（右）

　同様に写真4の解像度を，写真5の解像度（30×19 ピクセル）
に合わせたのが写真7である．同様に，特徴パターンを楕円で示
した．

写真5　被告人の手の品　　写真7　プーさん・スティッチー筆箋2
　　　　　　　　　　　　　　　　　冊セットの表（左）と裏（右）

　以上の比較から明らかなとおり，写真5と6の両者は図柄（特
徴パターン）がいずれも異なっているうえ，各画像の中央付近の
色もそれぞれピンク，赤，黒と異なっている．したがって，被告

人の手の品はボールペン・ポストカードセットではない.

　一方，写真5と写真7の右では，類似の2つのパターンが認められる.しかも両者とも2つめのパターンには赤が含まれている.したがって，各画像の特徴パターン及び中央付近の色に着目した場合，被告人の手の品は，プーさん・スティッチ一筆箋2冊セットの裏の可能性が高い.

(3) パターン判別法

　写真5と6に示す被告人の手にしたもの，ボールペン・ポストカードの表と裏の図柄のパターンを図2に示す.図2は，写真5と6の画像を2値化したものである.

　2値化とは，カラーの画像を白黒の2色の画像に変化させる処理で，ここでは，後述のスーパーインポーズ法の見やすさを考慮し，黒の代わりに赤と青を用いた.2値化をすることにより，一定値以上の濃さの色は黒，それに満たないものは白と表示されるため，図柄のパターンを定量的に判別できる.

図2　画像のパターン化.被告人の手にしたもの（左），ボールペン・ポストカード表（中）と裏（右）.

　以上の比較から明らかなように，被告人の手にしたものの画像には，楕円で囲む特徴的なパターンが見られるのに対し，ボールペン・ポストカードは，表の画像も裏の画像もそれが見当たらない．明らかに3つの画像は，全く異なることがわかる．

　同様に，写真5と写真7に示す被告人の手にしたもの，プーさん・スティッチ一筆箋2冊セットの表と裏の図柄のパターンを図3に示す．図3は，写真5と7を2値化したものである．

図3　画像のパターン化. 被告人の手にしたもの（左），プーさん・スティッチ一筆箋2冊セットの表（中）と裏（右）.

　ここでも，プーさん・スティッチ一筆箋2冊セットの裏（右）は，被告人が手にしたものの画像と同様の特徴的なパターンが認められる．被告人が手にしたものは，プーさん・スティッチ一筆箋2冊セットの可能性が高い．

（4）スーパーインポーズ法（重ね合わせ法）と類似度試験

　図2と3に示すパターン化した各画像の類似性を検討するため，画像を重ね合わせ，一致するパターンの割合を求めた．ただし，画像の周辺部のノイズはあらかじめ取り除いた．

図4　画像の重ね合わせ．被告人の手にしたものとボールペン・ポストカードの表との重ね合わせ（左）と同裏との重ね合わせ（右）．それぞれ40，15ピクセルの重なりが認められる．すなわち，その割合は防犯カメラ画像を基準にして42%，16%となる．

図5　画像の重ね合わせ．被告人の手にしたものとプーさん・スティ
　　　ッチー筆箋2冊セットの表との重ね合わせ（左）と同裏との重
　　　ね合わせ（右）．それぞれ36，50ピクセルの重なりが認めら
　　　れる．その割合は38%，53%となる．

　上図からも，ボールペン・ポストカードの表，裏のいずれの場
合も，2つの特徴パターンは全くない一方，プーさん・スティッ
チー筆箋2冊セットの重ね合わせでは，裏との重ね合わせで，2
つの特徴パターンが重なることが良く分かる．そのうえ，画像の
重なるピクセルの割合は，ボールペン・ポストカードの裏で16%
と最低となり，プーさん・スティッチー筆箋2冊セットの裏で53%
と最大となる．
　以上より，被告人が手にした商品はプーさん・スティッチー筆
箋2冊セットの可能性が高い．

3. 寸法推定

(1) 16 時 5 分 23 秒に被告人が手にした商品が何であるかについて，寸法の点から検討した．具体的には，防犯カメラからの距離が被告人の手にした商品と同程度と考えられ，かつ実際の寸法が計測可能である被告人の顔と比較することにより，被告人の手にした商品の寸法を推定した．

(2) 被告人の顔の寸法は高さ 20cm（全頭高），幅 14cm（頭幅）である．被告人の顔の角度が最も正面に近い 16 時 3 分 37 秒の防犯カメラ画像と 16 時 5 分 23 秒の防犯カメラ画像（写真 2）を同倍率に拡大印刷し，印刷紙面上における被告人の顔の高さとの比較から，被告人の手にした商品の寸法を推定した．その結果，被告人が手にしている商品は，画像上では 18cm×11cm と推定される．

　ここで，被告人及び被告人が手にした商品の近傍の 1 画素が縦 1.8cm×横 2.8cm であり，それぞれの方向に 1 画素の寸法相当の誤差は少なくとも含まれる．

(3) ポストカードの寸法は 14.8×10.0cm であるから，寸法誤差を考慮したとしても画像上のたての長さが 18cm となることは考えられず，被告人の手にしている商品がポストカードである可能性はない．一方，プーさん・スティッチ一筆箋 2 冊セットの寸法は 18.4cm×8cm であり，寸法誤差を考慮すれば，画像上で 18cm×11cm となる可能性がある．したがって，これが被告人の手にしている商品で

ある可能性がある．

　すなわち，画像の寸法推定では，ボールペン・ポストカードの可能性はなく，プーさん・スティッチ一筆箋 2 冊セットの可能性はある．被告人が手にしている商品がこのいずれかであるとすれば，可能性があるのはプーさん・スティッチ一筆箋 2 冊セットである．

4. 動作の相違点

（1）最後に，被告人が，16 時 5 分 23 秒に手にしていた商品をカバンに入れたか，もとの状差しに戻したかについて，それぞれの可能性を他の画像との比較から検討した．

　写真 8 と 9 に 16 時 5 分 27 秒と 28 秒の状況を示す．写真 10 と 11 の間の 1 秒間に，手にした商品は画像から消えている．画像からは，この間の被告人の動作がいかなる動作であるかは判別できない．しかし，次のとおり，被告人は，この間に商品をバッグに入れたのではなく，もとに戻したと考えるのが妥当である．

（2）被告人は 3 回，商品を手にしているが，そのうち最後に商品を手にしたのが 16 時 5 分 23 秒～28 秒である．このとき，被告人は写真 10 に示す 16 時 5 分 22 秒の時点ではカードは手にしていないが，写真 11 に示す 16 時 5 分 23 秒にはポストカードを手にしている．つまり，1 秒間でカウンター上の状差しからカードを手にしたことになる．

　これに対し，その後，16 時 7 分 58 秒に局員から受け取っ

たお札をバッグにすべて入れるのに，16 時 8 分 48 秒まで 50
秒かかっている．この間，数回にわたりお金をバッグに入れ
ているが，1 つのお金をバッグに入れるのに，少なくとも 4
秒はかかっている．このことは，もしカードをバッグに入れ
るとすればその程度の時間は要するということを示してい
る．

(3) さらに，写真 9 に示す，被告人が盗んだとされる 16 時 5 分
28 秒の被告人の顔は，カウンターの状差しを向いているの
に対し，写真 12 に示す，お札を受け取った 16 時 8 分 41 秒
の被告人の顔は，完全に下を向いて，バッグにお札を入れて
いる．

　すなわち，お金をバッグに入れる際には，顔を下に向けて
も少なくとも 4 秒かかっているのであり，下を向いていない
写真 9 の場面では，もしカードをバッグに入れるとすれば，
さらに時間を要すると考えるのが合理的である．

　以上のとおり，1 秒間で手にした商品が画像から消えていること，およびそのさいの被告人の顔の向きを，ほかの時間における画像と比較すれば，被告人は 16 時 5 分 27 秒と 28 秒の間に，手に持っていた商品をもとの状差しに戻したと考えるのが最も合理的である．

写真8 16：05：27の状況．被告人の手に商品がある．

写真9 16：05：28の状況．被告人の手には何もない．

写真10 16:05:22 時の画像

写真11 16:05:23 時の画像

写真 12　16：08：41 時の画像．被告人は下を向いている．

5.　結論

　以上より，被告人の窃盗容疑について，以下の結論に達した．

(1) 画像処理によるパターンの比較では，被告人の手にした商品
　　は盗まれたボールペン・ポストカードの可能性は全くない．
　　むしろプーさん・スティッチ一筆箋 2 冊セットの可能性が高
　　い．

(2) 画像上の寸法推定では，16 時 5 分 23 秒，被告人の手にした商
　　品はポストカードの可能性はなく，一筆箋 2 冊セットの可能
　　性はある．どちらかの商品であるとすれば，可能性があるの
　　は一筆箋 2 冊セットのみである．

(3) 被告人の手にした商品は16時5分28秒に消えたが，もとの
状差しに戻したと考えるのが，最も合理的である．

　したがって，被告人はボールペン・ポストカードセットを盗ん
ではいないと結論する．被告人が手にしていた商品は，プーさ
ん・スティッチ一筆箋2冊セットである．本件は，被害者の郵便
局長が出廷せず，無罪が確定した．内部犯行をうかがわせる事件
であった．

付録　作図による商品の寸法推定

　2つの写真の計測より，商品の寸法が推定できる．

写真13　16時3分37秒の防犯カメラ画像．被告人の顔より直接寸法
　　　を読み取る．

60

写真14　16時5分23秒の防犯カメラ画像. 被告人の手にある商品より寸法を読み取る.

5 1秒間の犯行 (2) 済昭園虐待事件

　2015年6月3日，佐賀県嬉野市塩田町の老人ホーム済昭園で老人の介護にあたり，傷害事件で介護職員が告発された．老人ホーム入居者の腹部胃瘻カテーテルを抜き取る暴行が問題となった．ケアワーカー内に設置されたビデオカメラ画像が証拠にされた．1秒間の犯行である．この画像の鑑定を行った．1審で無罪が確定した（出口聡一郎弁護士）．防犯カメラの1コマは1秒間で，瞬時に被告人がカテーテルを抜くことが可能であるかが問われた．被告人は完全黙秘を貫いた．

1.　はじめに
　鑑定事項は以下のとおりである．カンガルーボタンⅡについて，
　(1) 犯行とされる瞬間の胃瘻カテーテルの脱着の可能性
　(2) 被告人の指の強度と胃瘻カテーテルの脱着強度

2.　犯行とされる瞬間についての画像解析
　被告人の犯行時間は2014年12月25日13時42分ころとされている．同時点の該当する画像は以下のとおりである．図1から図4までの1秒程度の間に犯行が行われたとされる．正確な時刻は，同日の画像データが記録されたDVD−Rからは不明であるため，本件DVD−R内に保存されたファイル「011」と「012」を再生すると表示される経過時間を基準とした．
　図1〜5，8〜10はファイル「011」を，図6はファイル「012」を再生したものである．ただし，画像はいずれも合成画像である．

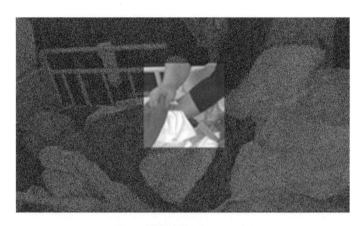

図1　経過時間 01：11：36：00

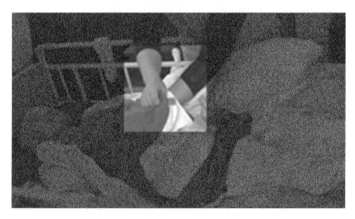

図2　経過時間 01：11：36：12

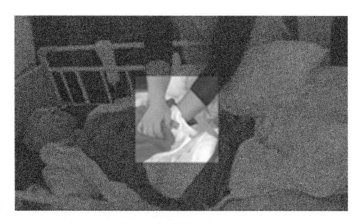

図3　経過時間 01：11：37：05

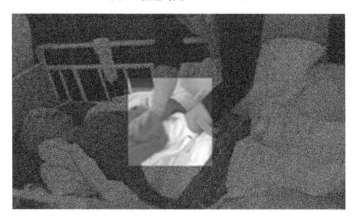

図4　経過時間 01：11：37：28

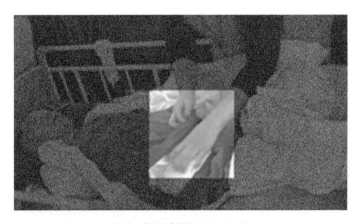

図5　経過時間 01：11：38：22

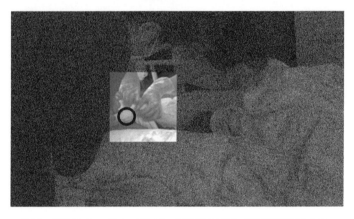

図6　胃瘻カテーテル（円内）の脱着の発見（経過時間 04：39）

図7　カテーテルのボタン（直径11mm，高さ7mm）

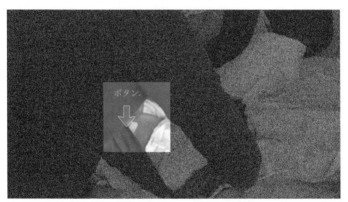

図8　胃瘻のボタンの位置（矢印）

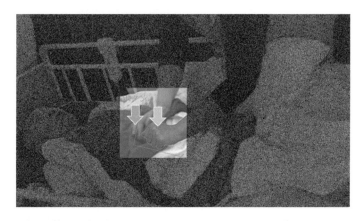

図9　図4のボタンの位置（左）と左手の握りの推定位置（右矢
　　印）.

　図7に示す胃瘻カテーテルのボタンの位置（図8）と図9に示
す左手の親指の位置はずれており，ボタンをつかんでの引き抜き
はできなかったと推定される．動画を見ても手の上向きの動作は
写っていない．すなわち，指先でボタンを触れる操作しかできな
い．ボタンを握るには親指の位置がボタンの位置に重ならなけれ
ばならない.

3.　指の強度と胃瘻カテーテルの脱着強度

　仮に左手の親指がボタンに届くということを前提としたとし
ても，1秒間に行うことができる指の動作としては，腹帯の上か
ら左手の親指と人差し指の2本でボタンをつまんで引っ張るとい
った行為に限定される．被告人の各指の押す力と引っ張り力はせ

いぜい表1に示すように1kgに満たない．2本でも2kg未満である．一方，日本コヴィディエン株式会社の実験結果からすれば，専用のカテーテル抜去デバイスを使用せずに引き抜くには少なくとも4kgの上向きの力が必要である．そうすると，仮に，当時，被告人の左手の親指と人差し指がボタンに届いていたとしても，引き抜くことはできない．

　また，本件 DVD−R の画像からは被告人の左手がボタンに届いているとは考え難い．したがって引き抜きができないことは明らかである．

　さらに，こうした動作は「反作用」が上向きに4kg発生するため，画像上に「反動」が発生する．動画上にこのような動作は写っていない．

　また，事件当時使用されていたカンガルーボタンⅡのボタン部分は，ポリウレタン製の直径11mm，高さ7mmの小さなつかみにくい部品である．実際に，腹帯の上から，ボタンをつまむ動作を行うと，全くつかめないことがわかる．指が滑ってしまう．すなわち，腹帯の上からは胃瘻カテーテルのボタンは全くつかめず，引き抜くことは不可能である．犯行をされたとする画像では，腹帯の上に手があり，ボタンをつかめなかったのである．

表1　被告人の指の強度：引張力と押す力（単位：g）

種類	左手の引張力	右手の引張力	左手の押す力	右手の押す力
親指	750	800	820	936
人差指	750	750	803	878
中指	650	750	866	856
薬指	650	600	734	617
小指	600	600	780	546

4.　体位交換時の可能性

　それでは，いつ胃瘻カテーテルのボタンが外れたのか. 本件 DVD －R のファイル「011」では，経過時間 01：12：41 ごろから体位交換（体交）が始まり，数秒で終了した. この際，患者の体は横方向に 10cm 以上移動させられた. 腹帯の摩擦抵抗は大きく，横移動の荷重は 10kg 程度であるから，摩擦係数を 0.8 とすれば，8kg の荷重が発生する. この力の一部が突起物であるカテーテルのボタンに加われば，4kg で外れてしまう. 体位交換は日常的に繰り返されるので，こうした危険性は常に存在することになる. なお，ポリウレタンとガーゼとの摩擦係数は 0.8 程度である.

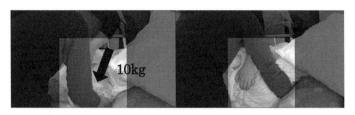

図10　体位交換の開始（左：経過時間01:13:07）と終了（右：経過時間 01:13:18）.

5.　結論

　以上より，画像の解析と強度の検討から，以下の結論に至る.

　すなわち，被告は2014年12月25日13時42分ころの1秒程度の時間で，胃瘻カテーテルのボタン（直径11mm，高さ7mm）を引き抜くことは物理的にできない. 動画では被告人の左手の握りは胃瘻のボタンの位置からずれている. また，親指と人差し指の2本の指で力を入れると，滑ってしまいボタンはつかめない. 物理的に2本の指では上向きに2kg未満の荷重しかかけられず，脱着に必要な4kgに達せず，力学的に引き抜くことはできない. 動画でも引き抜く動作は見当たらない. したがって，物理的にも動画からも被告人による胃瘻カテーテルのボタンの引き抜きは不可能であると結論する. もし，胃瘻カテーテルが抜ける可能性があるとすれば，体位交換のさいであり，体の横方向に生じる10kg程度の移動の荷重には，ガーゼ等の摩擦力が8kg程度発生し，胃瘻カテーテルが抜けたとしてもおかしくない.

　本件は，被告人が完全黙秘を貫き，無罪を勝ち取った. 鑑定内容よりも彼女の意思の強さが勝因である. 判決は，1秒間の犯行

を否定し，被告人の主張を全面的に認めた．

参考文献

1) 小川鑛一, 『看護・介護を助ける姿勢と動作』, 東京電機大学
   出版局, 2010.
2) 岡崎貴彦, 横山哲夫, 古川睦久, 『ポリウレタンの摩擦・摩耗
   特性への鎖延長剤の混合比率の影響』, 日本ゴム協会誌,
   417-426, 1995.

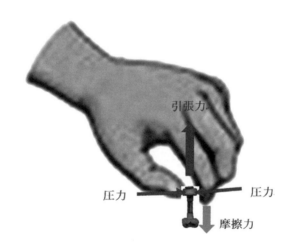

図11　カテーテルのボタンに働く力

6 画像によるアリバイ計算（1）渋谷暴動事件

刑事事件では，被告人のアリバイが重要になる．2つの刑事事件のアリバイ計算を行った．渋谷暴動事件と神戸山口組殺人事件を取り上げる．いずれも画像から推定したアリバイの計算を行った．信号機が決定的な時間を規定していた．

1. はじめに

1971年11月14日，沖縄返還協定批准阻止闘争において，中核派による渋谷暴動事件が起き，警官1名が火炎瓶の投擲で意識不明のまま死亡した．警視庁は中核派7名を犯人とし，うち6名を逮捕起訴した．この中で星野文昭氏を殺人罪で死刑求刑，1987年7月に無期懲役が確定し，服役中に2019年5月30日死去した．

ここでは，警視庁と『週刊朝日』が撮影した写真に基づき，主に白洋舎前を通過したデモ隊の画像解析を通して，星野氏が警官暴行に関与したかどうかを鑑定した．

2. 方法

警視庁が証拠として提出した白黒写真（29枚）と『週刊朝日』（1971年12月3日号）のカラー写真（2枚）より，デモ参加者の識別を行い，デモ隊の総数，その時系列，移動速度，携行物，警官殴打に関係した者の可能性，服の色を判別した．

個人識別には，ヘルメット，メガネ，マスク，服装，服の色，携行物，身長，その他の特徴を用いた．移動速度は，移動距離に全力疾走，徒歩の平均速度から求め，撮影時間を同定した．服の

色は『週刊朝日』の2枚の写真より参加者の約30名の服の色を判定した．これらをグレー化し，警視庁撮影の白黒写真の原色を推定した．特に明るい色の服を詳細に解析した．

3. 結果
（1）時系列

　警視庁撮影の写真を使用して，それぞれの時刻を同定した．写真3の白洋舎前をデモ隊先頭部が通過する時刻を15:19として，前後の時間を求めた．また東急本店前に到着した時刻を15：26として同様に前後の写真の時刻を同定した．

　その結果，デモ隊は15:13に小田急線代々木八幡駅を下車し，徒歩で渋谷方面に向かい，15：18頃，神山商店街に入ってからは警察とのにらみ合いが続き，70mまで接近した時点から全力疾走に至った．15：19白洋舎前を先頭のデモ隊が通過した．デモ参加者の通過総数は165名であり，白洋舎前の最終通過時間は15：20であった．先頭の通過速度は4.5m/sであった．

　デモの先頭は15：19に白洋舎を通過し火炎瓶の投擲を同時に行った．15:20に警官からのガス銃による反撃で一時撤退したが，直ちに，15：21頃，火炎瓶攻撃により，デモ隊は攻勢に移った．そのまま全速力で機動隊を追走し，15：23ごろ，警官1名を捕捉し，殴打し，殺害した．神山派出所から神山町東交差点までの直線距離は242mである．

　弁護団は，警官殴打の始まりが15：23：10（時：分：秒）で，星野氏の離脱は15：23：45であったとしている．一方，証言や供述内容からすれば，同時刻には，きつね色の服の者を含む約7

名の者がこの警官を殴打していた．やがて警官が意識不明に至り，火炎瓶の投擲により火傷を負った．この間，指揮者より命令があったとされている．したがって，目撃証言との矛盾が時系列で生じている．242m の距離を全速力で走れば，15：22 にはデモ隊先頭は機動隊最後尾に追いついているだろう．殴打の開始は 15：22 である．

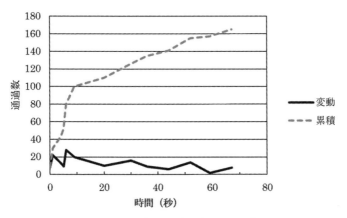

図1　白洋舎前のデモ隊の通過人数

写真が捉えたデモ隊の人数の累計と写真ごとの人数を変動とした．写真は警視庁中村邦男によって，平均5秒ごとに撮られていた．デモ隊通過総数は165名であった．井の頭通りを1分で横断したことがわかる．

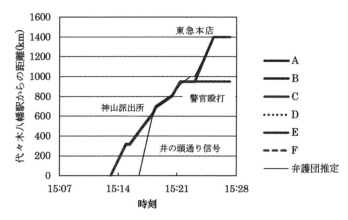

図2　デモ先頭の時系列，A～F は写真1に示す人物.

　デモ隊の過半は，15：13 に集合し，直後には出発していたと推定される．15：19 から激しい火炎瓶の投擲が始まり，15：20 に機動隊からのガス銃の応射，15：23 には警官殴打地点まで到達し，デモ隊先頭 50 名は 15：26 には東急本店前に着いていた．警官に対する殴打は多数回くわえられ，その指示を星野指揮者が行っていたとされる．最後の 450m の距離に時間の矛盾が生じている．遅くとも先頭の 50 名は 15：24 に現場を離脱しなければ 15：26 の東急本店前には間に合わない．後に示すように C，D が現場に残り，A，B，E，F は離脱した．したがって，殴打開始は 15：22 でないと，説明がつかない．

（1）個人識別

　星野文昭氏の個人識別が検察では服装の色と声で行われた．顔が隠されているために厳密な個人識別ができない状況であった．特に服装のきつね色が問題となった．検察は星野氏を疑った．し

かしながら，公判では全デモ参加者中のきつね色の上衣の参加者
や背広上下を着た者の完全な確認はなされていない．弁護団は
『週刊朝日』の写真から，2人のきつね色の存在を示し，新証拠
として提出した．しかし，この写真中にはきつね色と同系色の服
装の者は全部で5名いた（写真1参照）．そこで，詳細な5人の
個人識別を，星野文昭氏を含めて行った．表1に示すように，5
人中4人はコートを着用し，服地の色もクリーム色やベージュで
あり，きつね色といえるのは2人であり，弁護団が指摘した者で
はない．さらに5人目はまさにきつね色の背広上下を着ており，
終始星野氏の近傍にいた．見間違えたとすれば，この護衛者であ
ろう．デモの最中，青山道弘氏とともにこの者もきつね色の服装
で星野氏に続いた．大坂正明氏である．見誤る可能性は大きく，
声だけでは3人の誰が発声したかは判別できなかったであろう．

　さらに残るデモ参加者も調べたところ，表2のように，約10
人おり，きつね色の大多数が女性であった．しかしながら先頭と
最後尾との時間差は1分に過ぎず，15:24には彼らも殴打現場に
到着しただろう．ただし，この残りの参加者には，きつね色の背
広上下の者はいなかった．彼らは15:28以降に東急本店に到着
した．

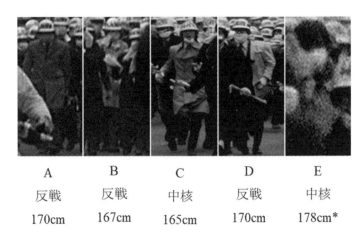

A	B	C	D	E
反戦	反戦	中核	反戦	中核
170cm	167cm	165cm	170cm	178cm*

写真 1　写真に見るきつね色の5人

　『週刊朝日』の2枚の写真より抽出．反戦，中核の区別はヘルメットおよび隊列より判定．身長は推定値．*実測値．C：青山道弘，E：大坂正明．

表1　明るい服の個人識別一覧（1）

記号	ヘル	隊列	服の色	服	マスク	メガネ	携行物	身長
A	反戦	3	ベージュ	トレンチコート	青マスク	なし	火炎瓶・鉄パイプ	170
B	反戦	1	クリーム	トレンチコート	手ぬぐい	なし	不明	167
C	中核	5	ベージュ	トレンチコート	白マスク	なし	火炎瓶・鉄パイプ	165
D	反戦	4	クリーム	トレンチコート	手ぬぐい	黒メガネ	火炎瓶・大型釘抜き	170
E	中核	5	ベージュ	カジュアル上下	白マスク	黒メガネ	鉄パイプ・バックパック	169
F	中核	5	青	背広上下	なし	黒メガネ	鉄パイプ	165

　記号は写真1のA-Fの明るい服を着た者．ヘルメットは反戦と中核の2種類，隊列は当日のデモ隊の左から1～5とした．服の色は類型的に分類した．ズボンはほとんどが黒か紺，例外がE，Fである．マ

スクは大きめのマスクか手ぬぐいが多い．メガネは黒縁メガネ．携行物は鉄パイプ，火炎瓶等．Eはバックパック．身長は推定．弁護団は唐澤勤（中核派）証言よりDが警官に致命的な打撃を与えたと考えている．唐澤証言に出てくるきつね色の背広上下は存在せず，弁護団は唐澤証言を信用できないとしている．

表2　明るい服の個人識別一覧（2）

記号	学・労	性別	服の色	服	マスク	メガネ	携行物	身長
G	不明	男	クリーム	ポンチョ	手ぬぐい	不明	竹竿，火炎瓶	165
H	不明	男	クリーム	ジャケット	手ぬぐい	不明	鉄パイプ，火炎瓶	166
I	不明	男	クリーム	ジャケット	手ぬぐい	不明	鉄パイプ	174
J	不明	女	クリーム	コート	手ぬぐい	不明	紙袋	164
K	不明	女	クリーム	コート	手ぬぐい	不明		154
L	不明	男	ベージュ	ジャケット	白マスク	不明		172
M	不明	女	クリーム	コート	手ぬぐい	不明	紙袋	158
N	不明	女	クリーム	ポンチョ	白マスク	なし	鉄パイプ	152
O	不明	女	クリーム	ジャケット	マフラー	不明	火炎瓶	156
P	不明	女	ベージュ	スーツ上下	なし	不明		154

デモ隊の先頭100名が通り過ぎると，紙袋を持った女子が現れる．およそ戦闘とは無縁の服装に変わる．服装はコートが多く，色は黄色系である．

（2）隊列

当日，デモ先頭は5列に隊列を組んでいた．図3に示すように，5つの隊列で，反戦3列と中核2列が交互に配置され，先頭に案内人，次にきつね色の者がおり，ヘルメットは同じものが縦の列で続き，小隊レベルで全体が構成されていることがわかる．総数約30名．身長は150cmから180cmと分布し，中核，反戦ともに

身長 160cm 以下の小さな者もいる.

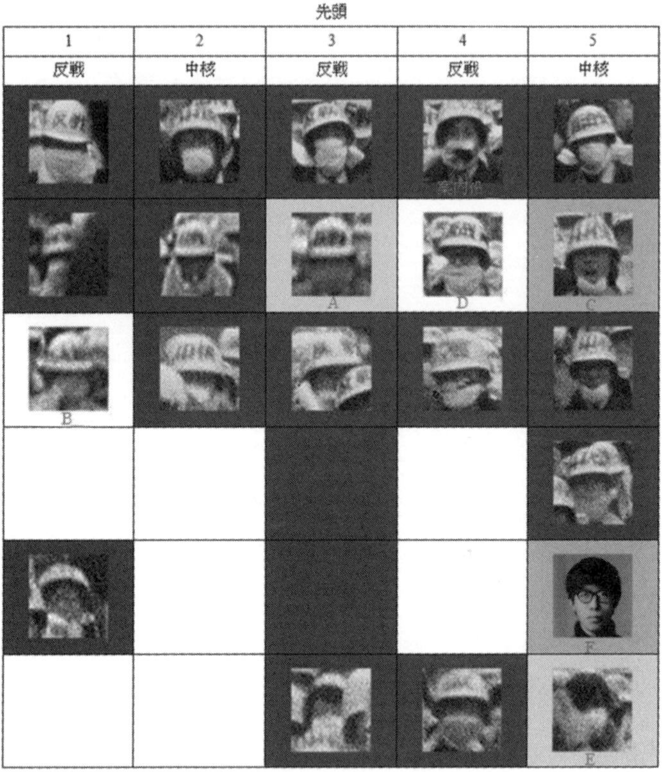

図3　デモ隊の編成と服の色（『週刊朝日』より）

　隊の先頭には笛を持つ案内役がおり，その次にきつね色系のコートを着た者がいる．身長は154cm～180cm である．Ｃ：青山道弘．Ｄ：警察官殴打者と弁護団は推定している．いずれも写真１，２より抽出した顔写真とその類系的な服地の色を示した．多くが紺色．５列に各隊

が並び，先頭部は，火炎瓶と鉄パイプ，大型釘抜き，竹竿を持つ．その後ろに写真班，荷物を運ぶ女子の姿が認められる．左から5列目最右翼が群馬部隊（高崎経済大学ほか）で，奥深山幸男（中隊長），荒木（中隊副官，防衛隊），荒川碩哉，唐澤勤（防衛隊），青山道弘（防衛隊），大阪正明，伊藤（防衛隊）がいる．防衛隊は星野氏を護衛した．裁判できつね色が問題となり，星野氏は薄青色と反論し，Dと間違えられたとしている．Dの服の色はクリーム色である．

4.　考察：交差点と殴打地点

　星野氏には常に4人が警護していた．このうちの3人が警官の殺害を実行したとされており，一人は常に密着していた．当然星野氏はその近傍にいた．5m幅の道路で始まった打撃にも警官は必死に抵抗し，逃げ惑い，ついにうずくまるようにして崩れた．星野指揮者は，警官を殺せと先頭部隊に命じたとされる．しかし15：23ごろ星野氏は単独で交差点に出たと主張する．証言によれば，反戦の竹竿（黄土色），案内役の釘抜き，中核の奥深山幸男，青山道弘，大坂正明，唐澤勤ときつね色の鉄パイプの7人が殴りかかり，その後，指揮者の声に荒木が火炎瓶を投じた．確定判決によれば，星野氏，奥深山，大坂，青山，唐澤，荒木ほかが鉄パイプ，竹竿等で多数回乱打し，倒し，星野氏の指示で青山，荒木ほかが火炎瓶を投げつけたとされる．

　ここでの矛盾点は2点ある．少なくとも乱闘は数分間継続した．またきつね色の服装をした者がおり，鉄パイプか竹竿で殴っていた．すなわち，矛盾は，時間と服装の色である．画像解析の結果をもとに見てみると，時系列は以下の通りである．白洋舎前15：

19, 東急本店 15：26 はいずれも警視庁の証言である.

15：19：00 白洋舎前通過（警視庁中村邦男証言）
15：19：04 火炎瓶投擲（警視庁写真より推定）
15：20：31 ガス銃応射（警視庁写真より推定）
15：21：13 機動隊撤退（警視庁写真より推定）
15：23：10 機動隊捕捉（証拠）→15：26 ごろまで暴行継続と推
　　　　　　　定される.
15：24：00 星野氏離脱
15：25：30 警視庁一郎丸角治写真（東急本店前）
15：26：00 警視庁佐藤憲三写真（東急本店前）

　したがって，証言のように暴行を継続していたならば，東急本
店前で警視庁佐藤憲三に 15：26 撮影されることはあり得ない.
弁護団によれば星野氏のアリバイが成立している.
　それでは，暴行に参加したきつね色の者はだれか. 先頭グルー
プで可能性のあるのは 5 人しかいない. 1 人は星野氏と一緒に動
いていた. 1 人は青山氏. 残るは反戦の 3 人である. 火炎瓶，鉄
パイプ，大型釘抜きを携行していた. 推定身長は各 170，167，
170cm である.

鉄パイプ　携行品不明　大型釘抜き
写真2　写真に見る3人のきつね色の反戦（再掲）

　証言によれば，きつね色＝鉄パイプ（唐澤証言，直近），黄土色＝178cm＝竹竿（阿部証言，70m位置），ベージュの薄いコート＝170cm＝警棒（福島証言，7m位置）とある．目撃距離が異なるので，身長は福島証言の170cmの精度が最も高いだろう．A，Dの2人が該当する．色は共通して，きつね色，黄土色，ベージュで同系色である．

表3　きつね色の男と3証言

証言	A	B	D
唐澤勤証言，直近	△	△	△
阿部隆雄証言，70m	△	△	△
福島誠二証言，7m	△	△	○

*○：ほぼ一致，△：やや一致．

　警棒は，直径3cm以下で長さ30cm〜90cmの金属製の棒をさすが，鉄パイプも釘抜きも寸法は該当する．色が白か黒かの違いである．客観性と一致度から福島証言を採用すれば，Dの可能性が高い．証言は警察・検察による誘導も否定できない．

(3) 東急本店でのアリバイ

アリバイのもう1つは東急本店での状況である。ここにはA, B, Eが写っているのである。

写真3　東急本店前，15：28頃，佐藤憲三撮影．39名．楕円内，
　　　　星野氏．A, Eが写っている．

すなわち，きつね色の服装をした者5名のうち，A，B，Eだけが星野氏と行動を共にし，暴行に参加したと推定されるC，Dは現れていないのである．この写真は暴行に参加したかどうかを示すアリバイの重要な証拠にもなっている．デモ隊の先頭の約50名が東急本店前に到着した．なお，Eは大坂正明氏である．

写真4　東急本店前, 15：28 ごろ, 横山征撮影. 49 名. 楕円内,
　　　　星野氏. B, E が写っている. デモ隊先頭の約 50 名が認めら
　　　　れる. E：大坂正明氏.

5.　結論

(1)　時系列から, 星野氏による警官への暴行の可能性は限定的
　　　　になる. 殺害に関与するには十分な時間とは言えない.

(2)　個人識別の結果, きつね色の服の該当者にはほかに 5 名存
　　　　在し, 証言より反戦の身長 170cm の者が暴行に加わった
　　　　可能性が高い.

(3)　星野氏が主張する薄い青色は, グレー化すると, 警察によ
　　　　って撮影された白黒写真の色にほぼ一致する.

　したがって, 星野氏にはアリバイが部分的に成立し, 警官暴行
の参加および指揮はほぼ否定される. これは弁護団の主張である.

しかし，画像からは別の可能性もあったことを示す．それは中核派の写真班の存在とともに，本件の不可解さを生んでいる．本書の「その後の裁判」で触れたが，写真班は事件の全貌をとらえていた．ならば，彼らの写真こそが星野氏の無罪を証明するではないか．なぜこの写真を裁判所に提出せずに，弁論を繰り返してきたのか．15：21に神山派出所から撤退する機動隊を捕捉するには，先頭の4名は4.5m/sで全力疾走し，距離200mで捉えることに成功した．その先頭には案内役と星野氏がいた．さらに星野氏には4人の中核派の学生が続いた．15：22に暴行が始まった．15：24に星野氏が離脱した．

6.　裁判における主な証言
[唐澤勤証言の要点]
　「4，5人で機動隊員の頭と肩を殴っていた．星野氏は鉄パイプ，道案内役は釘抜き，他は竹竿を使用していた．唐澤も参加した．7人で殴り続けた．
　きつね色の背広上下の中肉中背の者が鉄パイプで殴打して『殺せ』，『火炎瓶を投げろ』と命じた．」
[青山道弘証言の要点]
　「火炎瓶を投げた後，仲間と星野氏を追いかけたところ，誰かが機動隊員を数名で殴りつけていた．一面火の海になった．自分の火を消した．『殺せ』，『銃を奪え』という声がした．」
[荒木証言の要点]
　「周りで『火炎瓶を投げろ』という声がして，投げた．20名近くいた．」

[阿部隆雄証言の要点]

「逃げ遅れた機動隊員に黄土色の上衣の178cmの反戦が竹竿で殴りつけ，5名が追いつき，乱闘になった．このうち1名はヘルメットがなかった．あとは，178cmの黒，175cmの茶系，165cmの黒の上衣．20〜30名で取り囲んだ」

[福島誠二証言の要点]

「10人の機動隊を50人の白ヘルが追いかけてきた．1人を15, 6人で囲み，7人が殴っていた．170cmのベージュの薄いコートの男が警棒で殴っていた」

写真5　170cmのベージュの薄いコートの男（再掲）

付録：デモ隊の時系列と移動のようす

a) 15：13 代々木八幡駅，デモ隊集結，出発

b) 15：19 デモ隊白洋舎前到着，火炎瓶投擲

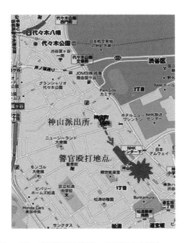

c) 15：23　デモ隊警官捕捉，星野氏離脱

d) 15：26　デモ隊先頭 50 名東急本店に到着

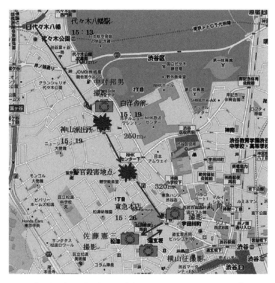

図4　デモ経路の全体図と撮影位置（Google マップより）.

代々木八幡駅：15：13 着.

白洋舎前（神山派出所）：15：19 ごろ通過.　火炎瓶投擲開始.

東急本店前：15：26 ごろ着.

🎥 ：警視庁による撮影地点（中村邦男，一郎丸角治，佐藤憲三，横山征撮影）

💥 ：火炎ビン使用地点

➡️ ：デモ隊の移動方向

　15：20 には激しい音響と火炎の交錯する戦闘状態にあったことが写真よりうかがえる.

7 画像によるアリバイ計算 (2) 神戸山口組殺人事件

　山口組分裂後に各地で抗争が起こった．宮崎市でも 2016 年 8 月 19 日深夜，山口組の本田真一（当時 43 歳）は単独で神戸山口組志龍会を挑発したところ，同会の 13 名が追跡し，近くの駐車場で大立ち回りとなった．0 時 52 分〜0 時 58 分，喧嘩は続いたが，藤野悟（36 歳）が組事務所から包丁を持ち込み，本田の腹部を刺し，殺害した．本田は空手の有段者であり，素手で 10 人の組員を相手にしていたが，藤野の一突きで死に至った．殺害現場には防犯カメラがなかったが，現場に向かった警察車両のドライブカメラには，現場を去る 3 台の自動車が映っていた．警察が設置した監視カメラとともに画像から犯行に参加した 13 名の組員と 3 名の被害者の行動を推定した．すなわち，画像による個人識別と車両の同定，アリバイの計算を行った．殺害後，神戸山口組は 3 台の自動車に分乗し，逃走した．

1. はじめに

　神戸山口組殺人事件における，2 台のビデオカメラに捉えられた画像の個人識別および関係者 13 名の殺人前後の時系列の計算根拠を以下に示す．

2. 画像上の個人識別

　以下の 2 画像の人物の識別を行った．

(1) 0 時 59 分 24 秒の警察車両車載カメラに写っている画像中の 7 人の識別

前提条件として，7人はS, U, 田中, N, O, Ku, Im, Kw, Hi の
いずれかで，このうち，左の2人は Im, Ku（被害者）でほかの時
刻の画像で判明している．

図1　ドライブレコーダー（合成画像）に映る7人の男と3台の
　　　自動車（0：59：24）

　警察車両車載カメラの0時59分20秒〜27秒の画像の概略は以
下の通り．

0：59：20，県道10号線を2人が横断．

0：59：22，県道10号線を4人が横断．

0：59：23，県道10号線を6人が横断．

0：59：24，県道10号線を7人が横断．警察に気づき，5人が逃
走．2人が中央に残る．

0：59：25，レクサス，エスティマに運転手が乗り込む．

0：59：27，レクサス，エスティマに3人が乗り込む．2人が道路

中央で争う．

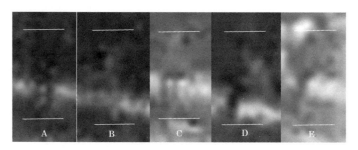

図2　CとEの拡大

　図2に示すA, B, C, D, E は服装と身長の推定（表1）から，B
が田中であると推定される．B は上下が白，推定身長178cm であ
り，田中（白，白，176cm）が最もこの条件に該当する．
　図1の左の2人はKu と Im である．

表1　A～E の身体の特徴

対象	推定身長*cm	上着	ズボン
A	172	黒	紺
B	178	白	白
C	178	白	黒
D	166	白	黒
E	166	青	黒

*推定身長は画像の1画素5.73cm として計算した．±3cm の誤差が
ある．

表2　関係者の身体の特徴

対象	身長 cm	上着	ズボン
田中	176	白	白
S	184	青	紺
U	177	白	紺
N	164	−	−
O	173	黒	紺
Ku	168	水色	紺
Hi	170	白	紺

(2) 1 時 0 分 47 秒および同 58 秒の警察による盗撮カメラに映っている 3 人の識別

前提として，藤野，組員 Ko，T，警察官が映っているとした．

0：50：44

1：00：47

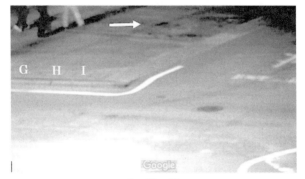

1：00：58

図3 藤野（上），1人（中），3人（下）が一ツ葉大橋北交差点を通
過した（合成画像）．

表3 F〜Iの身体の特徴

対象	推定又下長*	ズボン	靴
F	84cm	黒	白
G	87cm	黒	白
H	90cm	黒	黒
I	78cm	白	黒

*画像より計測で推定した.

表4 関係者の身体の特徴

対象	推定又下長*	ズボン	靴
T	88cm	−	−
Ko	79cm	−	−
藤野	86cm	黒	白

*警察調書の写真より推定した.

以上から, F：藤野, G：T, H：警察官, I：Ko と識別した.

3. 時系列

主として符4号, 符6号の画像より, 事件の時系列の推定を行った.

(1) 0：44：13 前, 本田, Zu, Im, 事務所前に東側からチェイサーで現れる. (2) よりも数分程度前と推定できる.

(2) 0：44：13, 志龍会, 事務所前に東側からエルグランド, レクサスで現れる. 符4号画像で, チェイサー, エルグラン

ドが 0：44：13 に一ツ葉大橋北交差点を通過した．事務所から時速 60km/h で走行したと仮定した．

(3) 0：44：25，本田，Zu，Im，チェイサーで平和ビル横に移動，降車．(2) と同様に符 4 号画像で，チェイサー，エルグランドが 0：44：13 に一ツ葉大橋北交差点を通過したのち，駐車場前まで時速 60km/h で走行したと仮定した．右折に 8 秒かけた．

(4) 0：44：29，志龍会，エルグランドで追跡し，平和ビル横に移動，降車．(2) と同様に符 4 号画像で，チェイサー，エルグランドが 0：44：18 に一ツ葉大橋北交差点を通過したのち，駐車場前まで時速 60km/h で走行したと仮定した．右折に 7 秒かけた．

(5) 0：44：35，志龍会，レクサスで追跡し，チェイサー前方を塞ぎ降車．符 4 号画像で，レクサスが 0：44：28 に一ツ葉大橋北交差点を通過したのち，駐車場前まで時速 60km/h で走行したと仮定した．右折に 3 秒かけた．

(6) 0：47：12，田中ほか，エスティマで平和ビル横に到着，降車．エスティマは，一ツ葉有料道路南線料金所を 8 月 19 日午前 0 時 44 分 50 秒に通過した（検甲第 19 号）．現場南に位置する一ツ葉大橋北交差点まで，2,295m である．同地点の信号は警察車両搭載のカメラから，0 時 59 分 41 秒に赤に変わったことがわかる．30 秒サイクルであるから，0 時 47 分 11 秒で青，0 時 47 分 41 秒で赤になる．

　時速 60km でこの区間を走れば，2 分 18 秒で交差点を通過する．0 時 47 分 08 秒であるから，青信号で通過し，現地ま

での 70m を 4 秒で走り，0 時 47 分 12 秒に到着する．

(7) 0：50：10，エスティマ，事務所に行く．符 4 号画像で，エスティマが 0：50：17 に一ツ葉大橋北交差点を通過したことから，時速 60km で走行したと仮定して推定した．

(8) 0：50：21，藤野，徒歩で事務所に行く．符 4 号画像で，藤野は徒歩で 0：50：44 に一ツ葉大橋北交差点を通過した．この間，時速 10km で小走りしたと仮定した．

(9) 0：52：12 ごろ，藤野，現場に戻る．符 4 号画像で，藤野は徒歩で 0：50：44 に一ツ葉大橋北交差点を通過した．事務所まで，時速 10km で小走りしたと仮定した．

(10) 0：52：21，エスティマが駐車場前に到着した．符 4 号画像で，エスティマが 0：52：14 に一ツ葉大橋北交差点を通過したことから，時速 60km で走行したと仮定して推定した．右折には 3 秒要した．

(11) 0：52：21〜0：58：49　この間，画像からは不明．

(12) 0：58：49，Yo ほかエルグランドで現場より去る．一の宮交差点を左折し，西方に走行した．符 6 号画像で，エルグランドは，0：59：06 に一の宮南交差点を通過した．平和ビルより 285m を時速 60km で走行したと仮定した．（Yo，Ya*）*運転手．

(13) 0：59：24，5 人が警察車両を発見し 10 号線中央から走り去る．Ku，Im が残る．符 6 号画像で，7 人が映っている．(U，田中，Hi，O，Ku，Im，Kw)

(14) 0：59：33，警察車両現場到着．符 6 号画像．

(15) 0：59：50，田中ほか 5 名がエスティマに乗車し現場を去

る．一の宮交差点のセブンイレブンを経由し，西方に走行
した．セブンイレブン監視カメラに 1：00：20 に写ってい
る．現地からセブンイレブンまでの 495m を時速 60km で走
行したと仮定した．（S，田中，O，Kw*，Ku，Hi）*運転手．

(16) 0：59：52，N，U がレクサスで現場を去る．一の宮交差点
のセブンイレブンを経由し，西方に走行した．セブンイレ
ブン監視カメラに 1：00：31 に写っている．現地からセブ
ンイレブンまでの 495m を時速 60km で走行したと仮定する
と，一の宮南交差点には，1 時 0 分 19 秒で通過するが，赤
信号になる．青信号に間に合わせるには，0 時 59 分 52 秒よ
り前に出なければならない．すなわち，エスティマとレク
サスはほぼ同時に現場を離れた．（N，U*）*運転手．

(17) 1：00，本田，近所に救助求める．

(18) 1：00：01，藤野，10 号線横断歩道を渡り事務所に向かう．

(19) 1：00：10，T，Ko，同様に 10 号線横断歩道を渡り事務所
に向かう．

4.　結論

(1) 被害者の本田真一は，宮崎市内の平和ビルの駐車場で，2016
年 8 月 19 日 0 時 52 分〜0 時 58 分，神戸山口組の 10 名を相
手に喧嘩をしたが，藤野悟の包丁により腹部を刺され，死亡
した．

(2) 0：58：49，Yo ほかエルグランドで現場より去る．一の宮交
差点を左折し，西方に逃走した．

(3) 0：59：50，田中ほか 5 名がエスティマに乗車し現場を去る．

(4) 0：59：52，N，U がレクサスで現場を去る．

(5) 1：00：01，藤野，10 号線横断歩道を渡り事務所に向かう．

(6) 1：00：10，T，Ko，同様に 10 号線横断歩道を渡り事務所に
向かう．

　警察車両は 0：59：33，殺人現場に到着したが，被害者の本田
真一の救助を行わず，30 分放置し，本田は出血多量で，病院搬送
後，死亡した．現場から 4km 北西に宮崎県立宮崎病院があった．
13 名の関係者で藤野がひとり有罪となり，懲役 16 年が確定した．
本田はプロの格闘家でもあり，1 対 1 の格闘で負けることはなか
った．

　アリバイの証明では，信号機の点滅が決定的である．また，個
人識別は，このように当事者が 13 名と少ない場合，身長，上下
の衣服，靴色で，十分識別できる．

8 監視カメラ

1. はじめに

　防犯カメラは，犯罪の抑止と共に，犯人逮捕に威力を発揮している．しかし，一方で，警察は暴力団や右翼，カルト集団，共産党，新左翼あるいは野党議員に対し，24時間監視するためのカメラを設置し，監視している．実際に暴力団が関係する事件で，使用された監視カメラについて，ここでは触れる．神戸山口組殺人事件と佐賀傷害事件である．防犯カメラの多くが超広角レンズであるのに対し，監視カメラは望遠レンズを搭載し，遠方より監視する．

2. 神戸山口組殺人事件

　2016年8月19日，0時43分頃，山口組系3名が神戸山口組志龍会事務所前で挑発し，事務所近くの宮崎市田代町75番池平和ビルの駐車場で，両派がにらみ合い，山口組の本田真一（当時43歳）が格闘ののち殺害された事件である．神戸山口組志龍会は会長以下13名が参加し，うち，逮捕，起訴された藤野悟（36歳）が懲役16年（確定），田中克明（40歳）が懲役14年（控訴）の地裁判決となった．物証は凶器の包丁以外には警察の車載カメラ，監視カメラ，セブンイレブンの防犯カメラなどの画像しかなく，直接の殺害の画像はなかった．0時52分〜0時58分の間に殺人は行われた．被害者の本田側は，女性2名含み，無抵抗の男性2名と共に，犯行を目撃していた．志龍会の1名が黙秘で，ほかの供述から，2名の起訴，2018年2月22日の地裁判決となった．

福岡高裁の控訴審では，2018 年 11 月 1 日田中克明被告人は証拠不十分で無罪となった．被害者は，空手の高段者であり，包丁の相手にも十分対抗できた．実質，13 対 1 の格闘であった．

　志龍会事務所近傍に設置された監視カメラ（70mm 望遠）を図 1 に示す．民間マンションのベランダに設置され，交差点を 24 時間撮影し，出入りの自動車を監視していた．

図 1　拠点カメラの位置（リーノ壱番館，宮崎市田代町 116-1）

実際，撮影された画像を以下に示す（小川，2017）．

0：44：18

0：44：30

0：47：09

自転車

0：49：55

エスティマ

0：50：17

0 : 50 : 44

0 : 52 : 16

軽4乗（？）

0：59：47

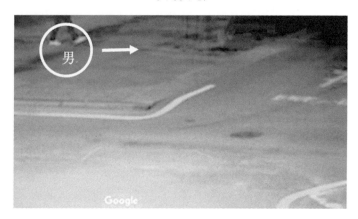

男 →

1：00：47

1：00：58

　被告人以外の人物の特定はできないが，車両の移動は明確に確認できる．自動車の監視に使われたカメラは，セブンイレブン，JAF，高速道路料金所，商店街のものである．なお，本文中の画像はいずれも合成画像である．

参考文献

1）小川進，「計算書」，宮崎地裁提出，2017.（事件関係者の移動の時系列計算）

3. 佐賀傷害事件

2017年5月9日4時38分～42分，佐賀市大財1-1-17南国ビル東側路上にて，被告人ほか4人が，2人の男性通行人に対し，因縁をつけ暴行を加えた事件である．この事件は4台のカメラにより撮影されていた．うち3台の画像が警察より提出された．3台は防犯カメラではなく，警察により設置された監視カメラであった．逮捕された被疑者の1人が暴力団関係者として認定されていたためである．彼は暴行には加わっていなかったため，不起訴となった．致命的な暴力はもう1人の被疑者の21歳の男が被害者（23歳）の背後からかけた足払いであった．この結果，被害者は顔面から転倒し，下顎部打撲挫創等の怪我（全治10日間）を負わせた．21歳の被告人は事件を完全に否認した．最終的には，被告人は監視カメラ画像から容疑を全面的に認めた．

県警が設置した監視カメラを図2に示す．いずれも望遠カメラである．県警は下記の3番目のカメラの設置を認めていない．

(1) 監視カメラ(佐賀市白山2-4-89古賀ビル)事件現場より124m 西．400mm望遠．
(2) 監視カメラ（佐賀市白山2-6-3コヤスビル）事件現場より 57m南．130mm望遠．
(3) 監視カメラ（佐賀市白山2-6-6白山ビル）事件現場より19m 南．140mm望遠．

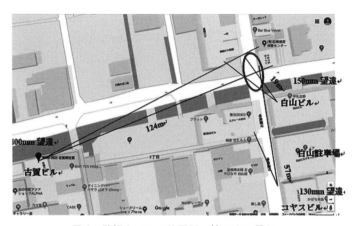

図2 監視カメラの位置図．楕円内で暴行．

図3 コヤスビルの監視カメラ（丸）と白山駐車場の防犯カメラ（丸点線）

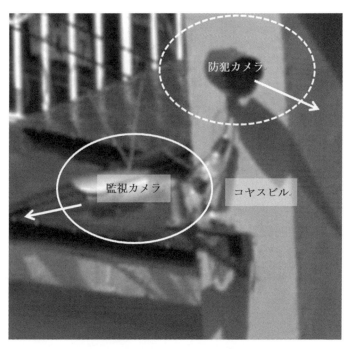

図4　コヤスビル監視カメラ（丸）と防犯カメラ（丸点線）

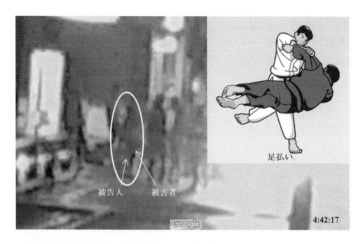

　被告人が被害者の背後から足払いをかけ転倒させる. 被害者は顔面
を強打した. いずれも合成画像.

参考文献

1)　小川進，「鑑定書」，佐賀地裁提出，2019.

2)　小川進，「鑑定書（追加）」，佐賀地裁提出，2019.

9 交通事故（1）

　自動車事故は刑事事件と民事事件の双方で争われる．最近，多くの自動車事故鑑定人が登場するようになった．事故の再現は，自動車事故ほど容易なものはない．しかし県警の作成した現場見取図があれば，再現できる．県警用の講習テキストも現れ，Excelがあれば，だれでも計算できる．ここでは，愛知県春日井市で起こった交通事故（2003 年 4 月 21 日）を Excel で計算し，Shade で 3 次元アニメーションにした事例を紹介する（小川・山川, 2007）．直進車と右折車の事故では，右折車に過失が認められるが，例外として，直進車が法定速度（60km/h）より 20km/h 超過した場合，直進車の過失となる（瓦, 2018）．

参考文献
1)　小川進，山川俊，『自動車事故の画像解析』，画像ラボ，18，9，35-40，2007.
2)　瓦敦史，『交通事故捜査と過失の認定』，東京法令出版, 2018.

1. はじめに

自動車事故は年々増加し，それに伴う裁判も増えている．しかしながら，多くの場合，その真相は究明されることなく，警察の調書のみで処理されてきている．死者は被害者であるか加害者であるか，遺族にとっては重大な真実である．調書に残される相手側の一方的な証言は，しばしば「死人に口なし」をよいこととし，加害者を免罪してきているのではないか．本論では裁判で争われた実際の事故が逆転判決となった事例を紹介し，画像処理と 3D アニメーションによる事故の再現の有効性について述べたい．

図1　交通事故発生現場付近（円内）

愛知県春日井市の交差点で，トラックと乗用車の衝突事故が起きた（図1）．この事故によって乗用車の運転手は死亡，助手席側の乗員は重傷を負った．当初，この事故は無理な右折をしたトラックが直進車の確認を怠ったために起きたものと思われたが，

100m 前方までの視認をしたなどのトラック運転手の証言が採用され，乗用車側の過失となった．その後，トラック側から乗用車側に対してスピード超過（130km/h）で損害賠償を訴えられた．

そこで，実況見分調書と乗用車の破損写真より，画像処理を用いて 3D による交通事故の再現を試みた．速度推定には，乗用車の破損写真から変形量を求め，実験式による衝突時の速度推定を行った．それをもとに，スリップ痕から衝突前の走行速度推定を行った．また，衝突速度の推定の妥当性を統計的検定により検証するために交通量調査を行い，走行台数，平均速度，平均車間距離を求めた．さらに右折車の車種別にかかる通過時間及び速度も解析した．本論では，以上の方法を用いて実際の事故を検証した．

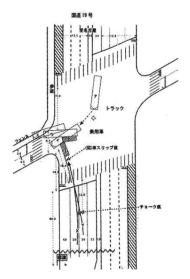

図2　事故現場の平面図（現場調書より）

2. 事故当時の状況

2003年4月21日正午頃，交差点よりトラックが青信号に伴い右折進行するに当たり，直進してきた乗用車（トヨタ，MARKII）と衝突した（図2）．事故当時の天候は晴れ，現場は春日井市の国道19号と国道155号の交わる交差点であった．交差点内はアスファルト舗装され，横断歩道南側はコンクリート舗装され，南北方向に下り勾配をもち，乾燥していた．法定速度は60km/hに規制されている．両車は衝突後，トラックは現場交差点南東角の店舗の駐車場フェンスに衝突停止し，乗用車は国道19号上に停止し，スピードメーターは110km/hをさしていた．

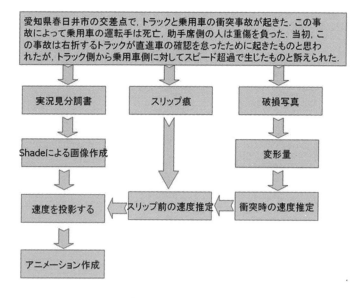

図3　フローチャート

3. 方法

本論では，警察の調書と現場調査から事故を再現し，原因を究明した（図3）．実況見分調書は，関係者等の供述として記載された内容が，しばしば現場の状況にあわないことがある．そのため，捜査をはじめ事故解析や鑑定には，事故車の衝突速度を含む速度関係について問題となる場合が多い．そこで，正面衝突や追突の事故解析や鑑定にあたって，その衝突速度を推定する方法の一つとして，衝突によって車体が永久変形する量（永久変形量）が有効衝突速度（自動車が固定壁に衝突した場合の速度）と比例関係にあるという実験結果を利用する方法が採用されている．

3-1. 佐藤式による衝突速度の推定

この方法は車両の永久変形量 X_f（m）と有効衝突速度 V_e（km/h）の実験式から衝突速度を求めるものである．

$$X_f = 0.0076V_e \qquad (1)$$

この場合，永久変形量とは車体が変形したその部分の量を示しており，有効衝突速度とは自動車が固定壁に衝突した場合の速度であり，両者の関係は上式のように関係付けられている．そこで，残された3枚の写真の事故車の破損状況と車体設計図から，変形した部分を直線状の変形として永久変形量を求めた．

この方法では，衝突車両の永久変形量を平均の長さで求めなくてはならない．写真1〜3に示すように，同乗用車は，ボンネット上部を削られるように変形しており，その下部はほとんど変形

していない．衝突相手のトラックの下部にもぐりこんだためである．すなわち，トラックフレームが乗用車の変形を規定している．したがって，乗用車の変形量は，トラックフレームの形態を重ね，直線で切ることで求めることにした．すなわち，図4に示す影の部分の体積を求め，等価の長さに換算した．

写真1　事故車の損傷状態（正面）

写真2　事故車の損傷状態（運転手側）

写真3　事故車の損傷状態（助手席側）

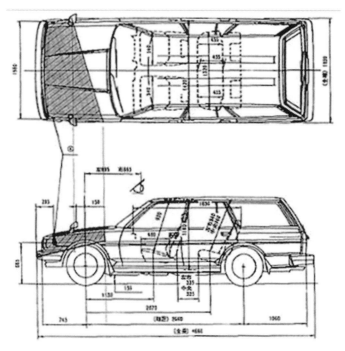

図4　写真より求めた事故車の変形箇所

3-2.　石川式による衝突速度の推定

　石川式では，有効衝突速度と永久変形量の関係および衝撃荷重
と車体変形の関係から衝撃吸収エネルギーを求め，これから有効
衝突速度を求めるものである．そのため図5に示す車体変形の平
面図においてメッシュを作成し，そこから求める変形量の合計を
吸収エネルギーに変換することにより，衝突速度を物理的に計算
する方法である．図5に示す数値は衝撃吸収エネルギー量である．

$$V_e = \sqrt{\frac{2gE}{W}}$$

ここで，V_e：衝突速度(m/s)，g：重力加速度($9.8\mathrm{m/s^2}$)，E：衝撃吸収エネルギー(kgm)，W：車体重量(kg)である．

正面

99	99	99	99	99	99	99	99
148	148	148	148	148	148	148	148
215	215	215	215	215	215	215	215
280	280	280	280	280	280	280	280
347	347	347	347	347	347	347	347
414	414	414	414	414	414	414	414
480	480	480	480	480	480	480	480
546	546	546	546	546	546	546	546
613	613	613	613	613	613	613	613
679	679	679	679	679	679	679	679

運転手側

図5　石川式による衝突時の変形とエネルギー吸収量（kgm）.

自動車の運転手席より前のボディのメッシュ分割と各エネルギー吸収量を示す.

3-3. スリップ痕による衝突前の速度推定

危険を認知しブレーキを掛けた場合，走行車両の運動エネルギーが路面にスリップ痕として残る．これより，衝突前の速度推定ができる．すなわち，スリップ痕長 S (m) の次式より走行速度を求める．

$$S = \frac{V^2 - V_e^{\,2}}{2\mu g}$$

ここで，V_e：初期速度 (m/s)，V：スリップ前の衝突速度 (m/s)，μ：動摩擦係数 (0.5)，g：重力加速度 (9.8m/s^2) である．

3-4. 交通量調査と検定

2004 年 4 月 26 日（月）と 12 月 20 日（月）の 12:00 前後の交通事故発生時と同じ曜日，同じ時間帯に乗用車が走行していた現場道路でビデオ撮影した映像からの交通量（台数），平均速度，平均車間距離を測定した．国道 19 号交差点より 30m 北側にビデオカメラを設置し，11:30〜12:30 までの 1 時間，走行中の自動車を撮影した．これにより，交通量は通過車両の数，走行速度はビデオのコマ送りから各車両の速度を求めた．車間距離は，前後 2 台の速度とコマ送りで求めた時間から算定した．車両の右折に要する時間及び速度も同様に計り，全長 12m のトラックが右折するのに必要な時間と速度を推定した．

また事故現場道路の縦断測量を行い，その結果から道路縦断勾配も求めた．

3-5．3D アニメーションの作成

　立体画像を作成できる Shade 8，Professional を用いて，乗用車，トラックを作成し，実際に起きた事故当時の状況を再現した（図 6-9）．これにより，変形量と速度からの事故状況だけでなく，運転者の視野を考慮し，状況判断がどのようにして推移していったかを推定するのに利用した．

　今回，乗用車とトラックの位置関係が重要になっているので，信号機，ガードレール，歩道，電柱，建物などの付属物は削除した状態で道路を製作した．自動車は図 2 の状況見分調書と同じ軌跡を描くとする（図 10）．

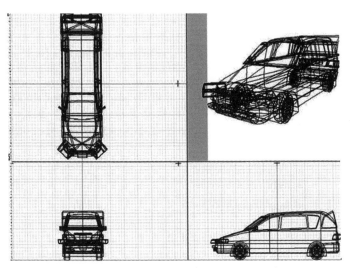

図6　アニメーションに使用した乗用車モデル

図7 アニメーションに使用した乗用車の 3D 画像

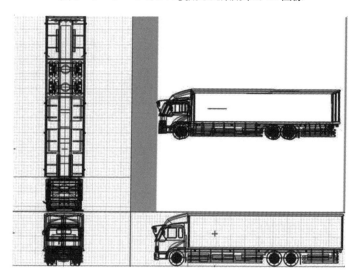

図8 アニメーションに使用したトラックモデル

図9　アニメーションに使用したトラックの3D画像

　トラックと乗用車の運動設定に佐藤式ないし石川式，スリップ
痕からの速度推定を加え，事故車両の運動を再現した．さらにカ
メラ（視点）を乗用車，トラックの運転手部分に取付けることで
バーチャルな映像を再現し，事故を検証できた．

3-6．アニメーションによる衝突変形の再現

　アニメーションを作成するためには，3D車体の形状にジョイン
トによる動作を設定する必要がある．まず3Dの車体の読み込み
を行った．今回の解析は3Dソフトを使い，事故を起した同型の
車両モデルを利用した．

　ジョイントとは形状を動かし，変形させるツールである．ジョ
イントの種類は8種類あり，今回のアニメーションで使用したの
は，直線移動ジョイント，回転ジョイント，ボールジョイント，

変形ジョイントである．直線移動ジョイントを作成し，形状情報でスライドを動かすことにより，直線の移動を行える．変形ジョイントは同じ種類の形状，同じ階層構造をもった形状パートの間で行われる．そのため変形ジョイントの中に2つの形状を用意した．その1つは変形する前の車両原型であり，他方は変形後の車両である．

3-7. スピードメーターの表示について

乗用車のスピードメーターは，事故直後110km/hを示していた．そのため，製造元のトヨタ自動車にいくつかの質問の回答を依頼した．

4. 結果

4-1. 佐藤式による衝突速度の推定

実況見分調書の写真より図4を求め，算定された永久変形量は365mmとなった．これにより，

$$V_e = 0.365 \div 0.0076 = 48.0 \,\text{km/h}$$

すなわち，衝突速度は約48km/hと推定された．

4-2. 石川式による衝突速度の推定

変形した部分からエネルギー吸収量を計算した結果，16180kgmとなり，

$$V_e = \sqrt{\frac{2 \times 9.8 \times 16180}{1350}} = 15.3 m/s = 55.2 km/h$$

となった．すなわち，2 つの結果より衝突時の速度は 48.0km/h，
55.2km/h，平均して 52km/h となる．

4-3. スリップ痕による衝突前の速度推定

　2 つのスリップ痕 35.0m と 20.7m の平均 27.9m と以上の推定結
果より，

$$v = \sqrt{2s\mu g + V_e^{\ 2}} \ = \ 21.9\text{m/s} = 79\text{km/h}$$

よって，衝突前の走行速度は 79km/h と推定された．

4-4. 交通量調査と検定

　交通量調査の結果，第 2 車線では，4 月 26 日の測定では 371 台
/時で，交差点より 30m 地点の車両の速度は平均 38 ± 15km/h，
最大 76km/h，最小 11km/h，平均車間距離 33 ± 2.6m となった（図
11）．一方，12 月 20 日の測定では，360 台/時で，交差点より 30m
地点の車両の速度は，平均 38 ± 16km/h，最大 100km/h，最小
10km/h，平均車間距離は 67 ± 7m となった（図 12）．
　交通量調査における平均速度の誤差が大きいのは図 11 に示す
ように車の走行速度の頻度がそれぞれ 32km/h，60km/h と，二山
の速度分布が見られるためである．12 月 20 日の交通量調査の図
12 でも同様に 34km/h，60km/h と二山の速度分布が見られる．2
つの車の流れが日常的にあることがわかる．つまり，交差点信号
前の減速時の 30km/h 前後，定常走行時の 60km/h である．

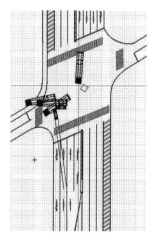

図 10　アニメーションに使用した交差点と事故車両の位置

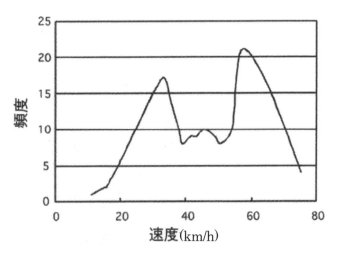

図 11　交通量調査による走行速度分布（2004 年 4 月 26 日）

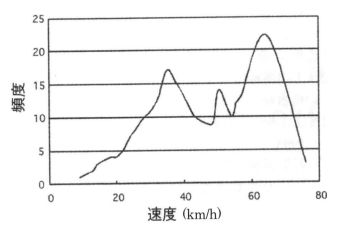

図12 交通量調査による走行速度分布（2004年12月20日）

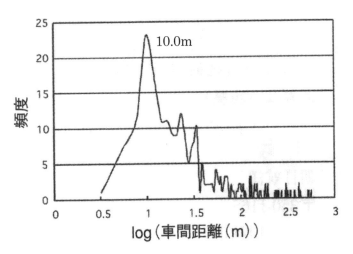

図13 車間距離の分布（2004年4月26日）

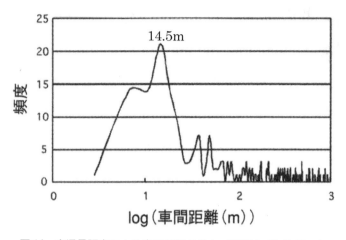

図14 交通量調査による車間距離の分布（2004年12月20日）

　車間距離を対数でとり，その頻度で表すと，ほぼ正規分布を示していることがわかる（図13, 14）．それぞれ10.0m, 14.5mという位置でピークを示している．平均車間距離はこのピークよりもすこし高めに出ている．この距離では，前後の車両の速度に強く依存する．すなわち，平均走行速度に合わせることになる．

　統計のt検定の結果，推算した79km/hは0.6%の危険率で採択され，トラック側の主張した130km/hは0.000002%の危険率で棄却された．すなわち，事故現場の交通量から昼間の時間帯に同国道を130km/hで走行することは困難である．

　また大型トラックが右折にかかる時間は約6秒であり，車体の長さから速度を求めると平均7.2km/hとなった．

4-5. 事故現場道路の縦断測量からの勾配

　事故現場道路の縦断測量により，勾配はほぼ 100 分の 1 であった(図 15). 勾配では, 速度の 2 乗が高さに比例し, 1m につき 2km/h 程度加速するので，下り区間 1km の間に 60km/h から 80km/h 程度に加速した．事故現場は，加速する急勾配であった．

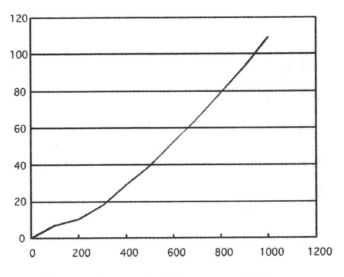

図 15　国道 19 号線の交差点からの縦断図（単位：m）

4-6. 3D アニメーションの結果

　衝突時の速度推定及びスリップ痕からの衝突前の推定により，乗用車の速度を決定し，自動車を走らせた場合，トラックが曲がり始めると直進車の道路ラインを完全に封鎖してしまい，回避する場所がなくなってしまったことがわかる（図 16）．

トラック側からの視点から見ると，曲がり始めて3秒後には直進する車を視認することができない．事前に乗用車の存在に気づかない限り，回避することは不可能である．また155号線は片側1車線のため，大型のトラックはそちらに多く注意を払わなければならなかったことも考えられる．

図16　アニメーションによる衝突時の再現

4-7. スピードメーター

質問に対するトヨタからの回答の要点は以下の通りだった.

当該車両（MarkII）のスピードメーターは「機械式」であり，スピードメーターおよび内部の構造部品は，GX70G の製造期間（1984 年 11 月～1997 年 4 月）を通じ，変更していない.スピードメーターの表示は，衝突時（または衝突直前）の車両速度を示しているとは限らない.衝突時の衝撃により，スピードメーターが変形，あるいは指針が物理的に固定された場合には，実際速度と異なる表示に至る可能性はある.指針位置が変化する可能性もあり，スピードメーターが，衝突時の車両速度を正しく表示しているとは限らない.

（以上，トヨタ回答要旨）

すなわち，スピードメーターの表示の根拠は失われた.

5. 考察

5-1. 衝突時の速度推定

佐藤式の衝突時の速度推定は 48km/h, 石川式による衝突時の速度推定は 55km/h となり，平均して時速は 52km/h となった.この衝突は大型トラックと普通乗用車のため，トラック側に衝突時の横滑りによる痕跡がなかったことから，固定壁による衝突と同じ状況で速度を算出したことになる.衝突前の走行速度 79km/h は変形量および交通量調査より，ほぼ妥当だと考えられる.

したがって，事故を再現すると，79km/h で走行していた乗用車は空走距離 22m で 1 秒後制動に移り，35m走行後減速，2 秒後

52km/h になったとき衝突したものと考えられる. トラックが右折
を開始した際には既に 60m 付近まで乗用車が近づいていたものと
推測される. すなわち, トラック運転手の前方不注意が事故の原
因といえる.

5-2. アニメーション

アニメーションにより, トラック右折進行に伴い, トラックが
壁となり, 乗用車の進路が塞がれたために衝突につながったもの
と推定できる.

図 10 より衝突 2 秒前の乗用車は左側へ避けるしかない. トラ
ック側から見た視点では, すでに直進車の存在を確認することが
できない. すなわち, 右折時に前方確認作業を怠り, 強引に曲が
ろうとして事故を招いたものと考えられる.

アニメーションの作成により, 数値でしか表現できなかった事
故解析を視覚的, また映像の視点を変えることによって, 当時の
両者の運転状況を再現できた.

事故現場道路の縦断測量により, 勾配はほぼ 100 分の 1 であっ
た. この勾配では 100m につき 2km/h 程度加速するので, 下り区
間 1km の間に 60km/h から 80km/h 程度に加速されていた可能性が
ある.

110km/h を示していたスピードメーターは, 回答書の結果から
衝突時 (あるいは衝突直前) の速度を示すとは限らず, 変形量の
結果からしても妥当とは言えない. トラック側が主張する
130km/h という衝突前の速度は完全に棄却されたといえる.

6. 結論

　以上，本件交通事故の争点である衝突前の速度は，速度推定により，乗用車は約79km/hであり，トラック側の訴えである乗用車の衝突前の速度が130km/hであったとの主張は，交通量調査からの交通量，走行速度，車間距離からも根拠がないものと判断する．また，トラック側が主張した100m前方の視認であっても，法定速度60km/hの場合，安全右折のためには150m必要であり，無理な右折であったと結論する．

　本論は，実際の交通事故とその後の裁判を取り上げた．その中で，画像処理が重要な役割を果たし，最終的に逆転判決が出された．今後の裁判において画像処理と3Dアニメーションによる事故の再現が決定的な役割を果たす前例になるであろう．

　最後に，本件事故で亡くなられた太田翔君のご冥福を祈るとともに，加害者とされた冤罪が晴れたことも付け加える．

参考文献

1)佐藤武ほか，『自動車の衝突の力学』，自動車技術，p906-909，1967.

2)上山勝編著，『交通事故の実証的再現手法』，技術書院，419p，1992.

3)江守一郎，『自動車事故工学』，技術書院，261p，1993.

4)石川博敏，『車体変形によるエネルギー吸収と固定壁換算速度』，自動車技術会前刷集，792　A67，p. p. 493〜502，1979.

5)林洋，『自動車事故の鑑定事例』，技術書院，1992.

6)國岡福一，『自動車事故と保険賠償』，山海堂，1999.

10 交通事故 (2)

　自動車の交通事故の解析が，ほぼ定式化したのは，佐藤武ほか
(1967) による有効衝突速度と永久変形量の関係と石川博俊ほか
(1979) によるエネルギー吸収図を使用した有効衝突速度の算出
である（上山，1992）．最近になり，県警による交通事故解析が
（山崎，2009），地検による同解析が行なわれるようになってき
た（牧野，2017）．

　ここでは，萬力で起こった交通事故の鑑定を紹介する．直進車
と右折車の衝突では，直進車が法定速度を 20km/h を上回ると，
直進車の過失が問われる（瓦，2018）．千葉県警の警部補は，直
進車の衝突速度を時速 73〜75㎞ と算定した．現在係争中（足立
啓輔弁護士）．

参考文献

1）　佐藤武ほか，「自動車の衝突の力学」，『自動車技術』，21，
　　906-909，1967.
2）　石川博俊ほか，「車体変形によるエネルギー吸収と固体壁換算
　　速度」，『自動車技術会前刷集』，7972，A67，493-502，1979.
3）　上山勝，『交通事故の実証的再現手法』，技術書院，1992.
4）　山崎俊一，『交通事故解析の起訴と応用』，東京法令出版，2019.
5）　牧野隆，『捜査官のための交通事故解析』，立花書房，2017.
6）　瓦敦史，『交通事故捜査と過失の認定』，東京法令出版，2018.

1. 鑑定事項

足立啓輔弁護士より，被告人に対する過失運転致死被告事件について，以下の鑑定の依頼があった．

(1) 千葉県警が行った解析の妥当性
(2) 被告人が主張する地点において自動車同士が衝突していた可能性があるか
(3) 衝突時の被害者の衝撃圧について

資料として，千葉県警作成の実況見分調書，甲号証乙号証を使用した．解析対象は，被告人の車両と被害者の車両である．

2. 千葉県警が行った解析の妥当性

(1) 計算結果

千葉県警は，以下のとおり，衝突速度を算出している（甲18）．

被告人：時速 6〜7km

被害者：時速 73〜75km

(2) 計算条件

衝突後の速度は，エネルギー保存則，運動量保存則の式から計算できる．

エネルギー保存則より，次式が成り立つ．

$$\frac{1}{2}MV^2 + \frac{1}{2}mv^2 = E_1 + E_2 + \frac{1}{2}MV'^2 + \frac{1}{2}mv'^2$$

ここで，M：被告人車両の重量，V：被告人車両の衝突時速度，m：被害者車両の重量，v：被害者車両の衝突時速度，E_1：被告人車両の変形エネルギー，E_2：被害者車両の前面変形エネルギー，V'：被告人車両の衝突後の速度，v'：被害者車両の衝突後の速

度である.

また，運動量保存則より，次式が成り立つ.

$$M\vec{V} + m\vec{v} = M\vec{V'} + m\vec{v'}$$

ここで，$\vec{V}$：被告人車両の速度ベクトル，$\vec{v}$：被害者車両の速度ベクトル，$\vec{V'}$：被告車両の衝突後の速度ベクトル，$\vec{v'}$：被害者車両の衝突後の速度ベクトルである.

問題となるのは，各式にどのようなパラメータを入れるかである.

千葉県警は以下の通り認定し，パラメータを入力した.

・被告人車両衝突角度：154 度（甲号証）

・被害者車両衝突角度：0 度（甲号証）

・衝突地点：甲16・衝突地点推定図（図1）

・被告人バリア換算速度：時速 36km（甲号証）

・被害者バリア換算速度：時速 28km（前部），24.5km（左側面）（甲号証）

・被告人の体重：55 kg

・被害者らの体重：70 kg

表1　事故車両の諸元（甲号証）

項目	エルグランド	ミライース
車長	4.87m	3.39m
車幅	1.84m	1.47m
車高	1.82m	1.50m
全重量	2180kg	730kg

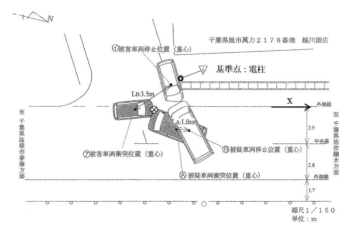

図 1　衝突地点推定図

（3）衝突地点の特定

　図 1 によれば，擦過痕（路面の痕跡）により，衝突地点を特定しているようであるが，そもそもこの擦過痕が本件事故により発生したか不明である．また，仮にこの擦過痕が本件事故により発生したものだとしても，擦過痕やガウジ痕（路面の深い痕跡）を成形した車体の部品を特定しなければ，衝突地点を特定することはできない（牧野，2017）．本件では，擦過痕を成形した車体の部品が特定されていないことから，少なくとも路面の痕跡だけでは，衝突地点の特定はできない．

（4）バリア換算速度

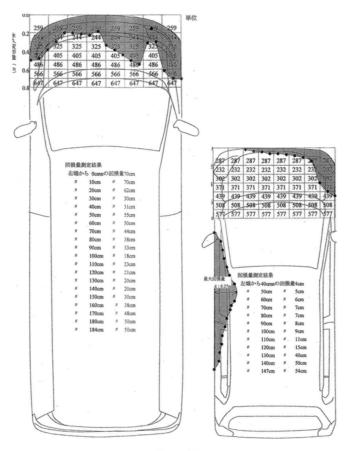

図2　車両凹損見取図

図2に示す車両凹損見取図が正確かどうか，写真からは不明である．仮にこれを前提としたとしても，前面形状別の車体吸収エネルギー分布図に示されている数値は，車体の前面全体を固定壁に衝突させた実験から得たものであるから，横列の数値は均等に配分されており，本件のような衝突部位が偏ったオフセット正面衝突事故の場合に当該車体吸収エネルギー分布図を使用すれば，算出されたバリア換算速度に誤差が生じるものとなる．したがって，車体構造を考慮した変形エネルギー吸収分布図を踏まえて修正を行う必要がある（牧野，2017）．しかし，県警の計算では，そのような計算はなされていない．エルグランドとミライースの衝突エネルギーは等しくなければならない．修正された数値は以下のとおりである．なお，被害者車両の変形エネルギーの計算は，図2で行い，被告人車両の変形エネルギーと等しいとした（付録1参照）．

　　被告人車両の変形エネルギー：E_1 = 31388[J]
　　被害者車両の変形エネルギー：E_2 = 31388[J]
　　被告人車両のバリア換算速度：V_1 = 5.3m/s
　　被害者車両のバリア換算速度：V_2 = 8.7m/s

（5）　飛び出し速度，飛び出し角度

　県警の計算では，図1によって特定した衝突地点によって，飛び出し速度，飛び出し角度を認定しているが，既に述べたとおり，図1のような根拠により，衝突地点を認定できるとは言い難いから，この速度，角度自体が信用できない．

(6) ここまでのまとめ

　衝突速度を明らかにするためには，事故車の破損・変形状況や衝突前後における車の挙動が明らかになっている必要がある．しかし，本件ではタイヤ痕等も無いため，車の挙動も明らかではなく，擦過痕を踏まえても，厳密に衝突地点を特定することは困難である．県警が出した算出結果は，憶測を含むものであり，本件において，事実を認定するに足りる確実なものとは言えない．

(7) 県警のパラメータを前提とした衝突前の速度

　仮に，県警のパラメータを前提として，バリア換算速度を変更した場合，以下の通りとなる．

　被告人車両の衝突前速度：V_1=1.0m/s　(3.5km/h)
　被害者車両の衝突前速度：V_2=20.0m/s　(71.9km/h)

3. 被告人の供述に基づく図3のような衝突地点を前提とした場合，その数値はありえるのかどうか.

　図3に示された衝突地点は，実況見分調書(2017年3月27日)にある．前項同様に，バリア換算速度を変更し，エクセルのソルバーを用いて計算すれば，以下の結果が得られる(付録2参照).

　被告人車両の衝突速度：7.1m/s　(25.6km/h)
　被害者車両の衝突速度：12.1m/s　(43.6km/h)

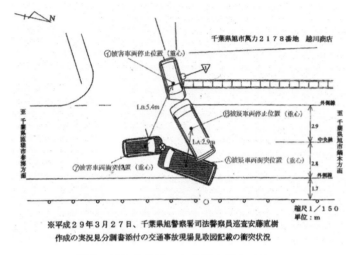

千葉県旭市萬力２１７８番地　越川商店

①被害車両停止位置（重心）

Ｌａ.5.4m

Ｂ被疑車両停止位置（重心）

Ｌａ.2.9m

Ａ被疑車両衝突位置（重心）

⑦被害車両衝突位置（重心）

至千葉県匝瑳市参陽方面

至千葉県旭市鏑木方面

外側線

中央線

外側線

2.9

2.8

1.7

縮尺１／１５０
単位：ｍ

※平成２９年３月２７日、千葉県旭警察署司法警察員巡査安藤直樹
作成の実況見分調書添付の交通事故現場見取図記載の衝突状況

図３　被告人供述による衝突推定地点.

　したがって，被告人の供述通り，図３に示す衝突はありえる.

4．衝突時の衝撃圧

　シミュレーション実験により，人体への衝撃圧は求められている（江島，2011）．剛体壁に速度 40km/h で衝突した場合，シートベルトには，ショルダー（肩から腹）で最大 8000N，ラップ（腹部）で最大 1000N の衝撃圧がかかった．体重 70kg（推定）の被害者であれば，それぞれ，11.7G，1.5G の加速度となる．衝撃の加速度は，速度に比例するので，法定速度 50km/h では，シートベルトには，ショルダーで最大 14.6G，ラップで最大 1.8G の衝撃圧がかかることになる．腹部には 128kg の荷重がかかった．仮に，

県警が計算した 73km/h〜75km/h という速度で衝突した場合，シートベルトには，ショルダーで最大 21.4〜21.9G，ラップで最大 2.7〜2.8G の衝撃圧で，腹部には 189〜196kg の荷重がかかったことになる．

参考文献

1) 山崎俊一，『交通事故解析の基礎と応用』，東京法令出版，2009.

2) 牧野隆編，『交通事故解析』，立花書房，2017.

3) 江島晋，「衝撃工学の最前線 4. 自動車の衝突安全における衝撃と人体傷害」，『材料』，60，6，p.560-566，2011.

付録1 変形エネルギーの計算

　変形エネルギーの計算は，石川・松川（1979）から久保田・國分（1995）に至り，車種別形状別に車体吸収エネルギー分布図が変化してきた．それでも，衝撃吸収型ボディのエルグランドと従来型の軽4輪のミライースでは大きく設計が異なっている．そのため，エルグランドの変形エネルギーの計算値は過大評価となっている．ここでは，それを考慮し，エルグランドの変形エネルギーは，ミライースの変形エネルギーを採用した．最も設計で大きく変化した（『自動車技術ハンドブック』，2016）のは，前後方部のバンパーである（図 4 参照）．材質がポリプロピレンというプラスチックに変わり，鋼材に比べて，強度が 10 分の 1 になった．したがって，単位変形エネルギーは鋼材の 10 分の 1 に過ぎない．時速 4km 以上で破損してしまう設計になっている．

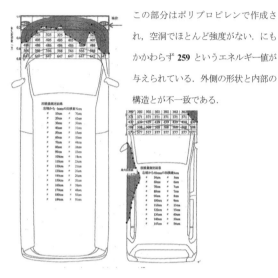

この部分はポリプロピレンで作成され，空洞でほとんど強度がない．にもかかわらず **259** というエネルギー値が与えられている．外側の形状と内部の構造とが不一致である．

図2　甲17の見取図1，2（再掲）

　図2に示すエルグランドの前方部のエネルギー値は10分の1もしくは0にしなければならない（図2で，259と示される単位エネルギー値が過大である）．

この部分はポリプロピレンで作成され，ほとんど強度がない．

図4　エルグランド．前面の下部はポリプロピレン製．

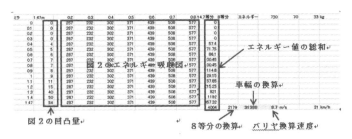

図5　変形エネルギーの計算（被害車両）

　県警の計算では, ミラの変形エネルギーは24404 [J]であるが, 実際計算すると, 31388 [J]となった（図5参照）. ここでは, この値で以後の計算を行った.

参考文献

1）石川博敏・松川不二夫,「車体変形によるエネルギ吸収と固定
　　壁換算速度」,『自動車技術会講演会前刷集』, 792, 1979.

2）久保田正美・國分善晴,「前面形状別の車体エネルギ吸収特性」,
　　『自動車研究』, 17, 1, 1995.

3）『自動車技術ハンドブック設計（デザイン・車体）編』, 自動
　　車技術協会, 2016.

付録2　ソルバーによる最適解の求め方

　本件ではソルバーを用いて, 自動車の衝突時の速度, 方角, 位置をすべて計算した. ソルバーは Excel の内部に搭載されている最適化の計算ツールである. すなわち, 県警作成の実況見分調書

から，基本的には衝突時の状況が容易に再現できる．鑑定の重要な計算過程を秒単位で求めることができる．前項の Shade による再現 CG と共に，交通事故の重要なツールである．

　以下の手順で，Excel でソルバーを起動し，最適化計算を行う．

1. ソルバーの起動

ソルバーのボタン

2. ソルバーの実行

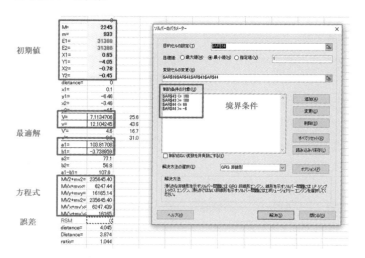

初期値：自動車の重量，衝突時の変形エネルギー，衝突位置
境界条件：自動車の位置と方向の制限
最適解：求める解，飛び出し速度と方角
方程式：エネルギー保存則，運動量保存則
誤差：方程式と実際の最適化計算との誤差で，ゼロを収束条件とした．

　現在，県警では衝突速度の計算をエネルギーと運動量の連立方程式で解くことが一般的になっているが，この水準についてこれず，誤った計算がまかり通っている．わずか1ヵ月の講義と演習の合宿では，交通事故の刑の執行に十分な解析結果を出すことは絶望的と言える．さらに，防犯カメラの解析による速度計算も行われており，理論がそもそも理解できない警察官にとって，誤った計算を乱造している状態である．交通事故の冤罪は，その意味で深刻である．本件でも，連立方程式の未知数と方程式の数の関係が理解できず，3つの解を並べ，自信満々で提出していた．検事もまた，計算を全く理解できず，科捜研に個人教授を頼み，尋問に臨んでいた．さらに，あろうことか，筆者にまで教えを請いに来た．裁判官も同様である．文系の法律家と基礎学力の低い警察官により，間違いだらけの判決が出ているのが現実である．ここで示すソルバーは最適計算の手法で，多くの未知数の連立方程式を解くことができる．AI同様に，今後，重視する必要がある．

11 その後の裁判

前著『防犯カメラによる冤罪』（緑風出版）の中で取り上げた刑事事件のその後を簡単に解説する.

ここでは，「南風原事件」と「渋谷暴動事件」のその後を解説する.

1. 南風原事件

2009年4月16日午前10：06，南風原町宮平のパチンコ屋サンシャインの景品交換所で起きた強盗事件（被害額600万円）について，同年6月10日，赤嶺武服役囚（現在）が逮捕された. 1審は岡島実弁護士による弁護活動が行われ，2010年4月12日，同弁護人より鑑定依頼があった. 鑑定書は，主として，防犯カメラ画像の犯人と服役囚の同一性の否定の判定を行ったものであった. 2011年9月16日懲役8年の実刑判決，直ちに控訴，主任は岡島弁護士から佐藤博史弁護士に代わった. 2016年12月22日，控訴棄却，直ちに最高裁に上告，2018年7月10日，上告棄却. 懲役8年，ただし，未決勾留日数260日を含む. 服役囚の依頼に基づき，鑑定人の筆者は再審請求のため，2009年6月10日〜2018年7月10日までの全書面を精査した. さらに，5項目の再鑑定を行った. その結果，再審請求を断念した（藤田正人弁護士）.

控訴審（佐藤博史弁護士）では，DNA，アリバイ，歩容が取り上げられた. DNAは，本田克也筑波大学教授の鑑定が行われ，被告人の押収ジャケットには男性のDNAだけで，被害者のDNAはないとの結論を導いた. 被告人に有利な証拠はこれだけで，判決は

控訴棄却であった．特に佐藤弁護士が力点を置いたのが，DNA，アリバイ，歩容であったが，犯行時間のアリバイは受刑者の長女の証言であり，信用できない矛盾があった．歩容も鑑定を専門家に依頼できなかった．受刑者は左足を外側に 45 度開いて歩く癖があったが，犯人も全く同じ癖が認められた．歩幅も受刑者と犯人はほぼ一致した．最高裁上告も棄却され，新たな弁護人（藤田正人弁護士）で再審請求に臨んだが，有力な証拠は現在までに見込めず，本件は実質，終結した．

　本件で問題となったのは，むしろその弁護活動であった．特にその費用が異常に高く，総支出が 2400 万円を超え，最高裁で敗訴が決まり，懲役 8 年の刑の執行で終了した．その支出の過半は控訴審にあり，弁護に関係のない支出や法外な飲食費が含まれていた（藤田弁護士調査結果）．過半は領収書もなかった．控訴審の主任を務めた佐藤博史弁護士は，グリーン車やエグゼクティブクラスの要求が常であった（依頼者談）．すなわち，「懲戒相当」の弁護活動が終始行われていた．すべての証拠と書面を精査した結果，無罪を勝ち取ることが不可能であることが判明した．むしろ，減刑を目標にするしかなかった裁判であった．法外な裁判費用は，受刑者のお姉さん 4 名（2020 年時点で 68〜81 歳）の老後の資金が投入された．

参考文献

1）　木谷明，佐藤博史，岡島実，『南風原事件：DNA 鑑定と新しい冤罪』，現代人文社，2013.

2.　渋谷暴動事件

　本件は，1971 年 11 月 14 日，沖縄返還協定の国会批准を阻止すべく，中核派 165 名が代々木八幡駅から渋谷駅に向かうデモで起こった．15 時 13 分，代々木八幡駅出発，15 時 19 分，白洋舎前通過，デモ先頭の速度は 4.5m/秒で，神山派出所に火炎びん投てきをした．先頭の 30 名は戦闘部隊で，中核派学生と反戦労働者の構成であった．先頭から 25 番目に星野文昭受刑者（死亡），27 番目に大坂正明被告人がいた．15 時 20 分警察機動隊からのガス銃による応射，15 時 21 分，中核派による火炎瓶による反撃が開始し，後退する機動隊の最後尾の 1 名を追い詰め，10 名前後が殴打し，転倒させる．うち 1 名の火炎瓶の火炎で，中村恒雄巡査（死亡後警部補，新潟中央警察署所属，21 歳）が死亡する．星野氏の離脱は 15 時 23 分 45 秒であったとされる．15 時 25 分，殺害現場より 320m 南で撮影され，さらに 15 時 26 分，130m 西方の東急本店前で撮影された．したがって，星野氏のアリバイが成立しているとされる．

　一方の大坂氏は星野氏の直近にいた．2017 年 6 月 7 日，警視庁により逮捕，現在，東京地裁で公判が進行している．警視庁の当時の写真には，大坂氏は黒メガネ，白マスクに，鉄パイプを手に，バックパックを背負っていた．星野氏の直近におり，15 時 28 分ごろには星野氏とともに東急本店前にいる．当時，この事件の全貌は，4 人の警視庁の写真班と 3 人の中核派の写真班による連続撮影された写真が残っている．2019 年 5 月 31 日，服役中の星野氏は東日本成人矯正医療センターに入院し，肝臓がんの手術ののち死亡した．受刑者の体調不良の訴えは無視され続けた．がんは

10cm 大の腫瘍になっていた．

　なお，本文中の写真はすべて，参考文献からの引用とインターネットからのダウンロードを使用した．原図はカラー写真である．

写真1　東急本店前，15：28 ごろ．39 名．星野氏（左）と大坂氏（右）．

写真2　大坂氏の時系列（15：19〜28）きつね色の上下に鉄パイプ．

　星野氏は，警視庁による15時25〜26分撮影の写真が残ってい
た．15時24分に現場を去った．それがアリバイの根拠であった．
大坂氏の場合，写真2のように，警視庁の中村邦男，佐藤憲三撮
影のものがある．15時20分〜15時27分の間の写真がない．

写真3　中核派の写真班（上）と撮影した画像（下）15時19分．

写真 3 は．中核派の写真班とその撮影したカラー画像である．警視庁の撮影は，中村邦男（白洋舎 2 階，焦点距離 55mm），一郎丸角治（H&M2 階，同 1000mm），横山征（松濤郵便局前，同 28mm），佐藤憲三（松濤郵便局前，同 28mm）の 4 人が定点で行った．『週刊朝日』(1971 年 12 月 3 日号) は神山派出所前から望遠で撮影した．中核派の写真班は 3 名でデモ隊とともに移動した．警視庁の写真はモノクロ（白黒）であった．警視庁の撮影は殺害現場をとらえていないが，中核派の写真班は犯行時のカラー撮影を行った．警視庁の写真から暴行時間は 15 時 22 分〜26 分と推定される．弁護団は 15 時 23 分に殺害現場到着としており，1 分の差がある．星野氏は 15 時 25 分に東急前を走っており，15 時 24 分には現場を去っている．空白の 1 分が「無罪」の根拠である．興味深いのは，唐澤勤氏（中核派）の証言から暴行の時間が 2 分と推定されることである．弁護団の論理では，この 2 分は 35 秒となり，星野氏は何もできないという主張である．学生（唐澤勤）の供述によれば，殺害状況は図 1 の通りである（A：釘抜，B：鉄パイプ，C：竹竿，D：？）．後続 4〜5 名が約 10 秒後に到着した．直ちに火炎瓶が投げ込まれた．暴行は 4 分以上継続した可能性がある．ガソリンタンクが認められる．

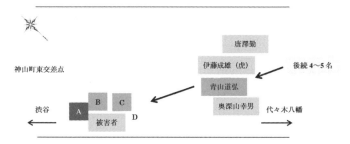

図1　唐澤供述に基づく推定（参考文献1より）. 15時21分ごろ.

　釘抜は，2人が所有していた. いずれも反戦労働者で，先頭の
案内役（黒服）ときつね色のコートの男である. 図1のAが釘抜，
Bが鉄パイプ，Cが竹竿，Dが不明である.

写真4　案内役後のきつね色の服の男（矢印）. 手には釘抜（右）.

　本件では，きつね色の服を着た男が暴行の中心にある. 先頭グ
ループにはきつね色の服を着た男は6人いた. 2人は中核派学生
の青山道弘氏（コート）と大坂正明氏（背広上下）であり，ほか
は反戦労働者4人である. 彼らは鉄パイプ，釘抜（鉄バール），
竹竿，火炎瓶を持っていた.

証言によれば，反戦の竹竿を持った男C（黄土色），案内役の釘抜を持った男A（黒），中核派学生の奥深山幸男，青山道弘，大坂正明，唐澤勤，きつね色の服装で鉄パイプを持った男の7人で殴り掛かり，その後，指揮者の声に荒木が火炎瓶を投じた．確定判決によれば，星野氏，奥深山，大坂，青山，唐澤，荒木ほかが鉄パイプ，竹竿等で多数回乱打し，倒し，星野氏の指示で青山，荒木ほかが火炎瓶を投げつけたとされる（小川，2014）．

　さらに個別証言（再掲）によれば，

〔唐澤勤証言〕4，5人で機動隊員の頭と肩を殴っていた．星野氏は鉄パイプ，道案内役は釘抜き，ほかは竹竿を使用していた．唐澤も参加した．7人で殴り続けた．きつね色の背広上下の中肉中背のものが鉄パイプで殴打して「殺せ」，「火炎びんを投げろ」と命じた．

〔青山道弘証言〕火炎瓶を投げた後，仲間と星野氏を追いかけたところ，誰かが機動隊員を数名で殴りつけていた．一面火の海になった．自分（青山）の火を消した．「殺せ」，「銃を奪え」という声がした．

〔荒木証言〕周りで「火炎びんを投げろ」という声がして，投げた．20名近くいた．

〔阿部隆雄証言〕逃げ遅れた機動隊員に黄土色の上衣の178cmの反戦が竹竿で殴りつけ，5名が追い付き，乱闘になった．このうち1名はヘルメットがなかった．あとは，178cmの黒，175cmの茶系，165cmの黒の上衣．20～30名で取り囲んだ．

〔福島誠二証言〕10人の機動隊を50人の白ヘルが追いかけてきた．1人を15，6人で囲み，7人が殴っていた．170cmのベージュ

の薄いコートの男が警棒で殴っていた.

　証言中の身長の記述は警察による誘導であり, 目撃では身長は同定できない. 警視庁は逮捕時に全員の正確な身長の計測を行っており, 個人識別の証拠を目撃証言から取るために, 常にこうした誘導を行う. 警察の常套手段である. 身長にはヘルメットと靴の高さは含まれていない.

　図1に示す唐澤証言に基づく暴行の様子では, 中核派学生については明白であり, A, B, C, D に誰が該当するかという点である. 鉄バールに該当する凶器は釘抜きであり, 2人いる. 道案内役とクリーム色のコートを着た男である. まず, A が道案内役であることがわかる. 次に, 竹竿を持った男 C は, 黄土色の服である. 2名が該当し, 推定身長165cm の左利きと同166cm の右利きである. 見かけの身長は靴底の高さ4cm とヘルメット高さ5cm, 計9cm が加わる. B はきつね色の背広上下の中肉中背で鉄パイプを持った男である. これは大坂正明氏しかいない. 最後の D は, 「指揮者」となる. すなわち, 唐澤証言に基づく図1では, A：道案内役, B：大坂正明氏, C：竹竿の男, D：星野文昭氏となる.

　したがって, 弁護団は唐澤証言を全く信用できないとしている. 唐澤証言ではBが星野氏となる. しかし, 星野氏は薄青色の背広を着ていて, きつね色の上下は別人であるとされた. 165名のデモ参加者できつね色の上下はただ一人, 大坂正明氏しかいない.

写真5 竹竿を持つ男（楕円内）．左利き（上）と右利き（下）．
15：19．白洋舎2階より撮影（参考文献2）．

　記憶による証言には，多くの誤りが含まれる．デモ隊の先頭集団は，4〜4.2m/s（画像よりの推定）で移動した．弁護団は100m30秒，すなわち，3.3m/sを仮定した（参考文献1）．写真画像は，中村邦男（白洋舎2階，55mm）の場合，平均5秒に1枚の割合で連写していた．デモ参加者は，画像より身長，服装，ヘルメット，マスク，眼鏡，武器で個人識別ができる．殺人の実行中，15時21分〜26分に写真の空白がある．しかし，中核派の写真班3名よる，この間の画像がカラー写真として存在し，事件の真実を客観的に証明し，空白の2分を唯一埋めることができる．またマスコミの写真は，すべて警察官に守られた位置からの撮影であり，デモ隊の位置からの撮影は中核派の3名の写真班によるもので，1人180枚，3人で540枚程度の写真があるはずである．しかもカラー撮影であり，星野氏の薄青の背広も撮影されていたわけで，争点となった「きつね色」の供述についても争う余地はなかった．写真3（153ページ）に示す，公表されたカラー写真はごく一部に過ぎない．

写真 6　神山派出所前を走る大坂氏（15：19）その直前を星野氏
　　　　が走る．白洋舎 2 階より撮影（上），中核派写真班撮影（下）．
　　　　撮影位置の違いが明白に分かる．

　写真 6 は，先頭部隊の最後尾を走る大坂氏である（15：19）.

先頭は逃走する機動隊に襲い掛かった．1m の釘抜を持つ反戦労働
者らによって，中村恒雄巡査は殺害された．追走する先頭部隊は
40 秒ほどで機動隊に追いついたと推定される．

写真7　中核派の3名の写真班．15：20．直後，暴行事件が起こ
　　　る（参考文献 2）.

　弁護団は警視庁の撮影した写真の開示を求めていた．しかし，
それに匹敵し，カラー画像で事件の直近をとらえた写真が中核派
の写真班により撮影されており，『前進』第 560 号でも公開され
ている（写真 8）．しかし，写真 3，6 はまさに中核派写真班が撮
影した，すべて直近からの標準レンズによるカラー撮影である．
カラー写真は 1970 年にすでに普及していた．星野氏の服の色は
写真 8 の原画像で，明白に証明できる．

要するに，警視庁よりも直近でカラー撮影した写真が中核派写真班により，数百枚の単位で撮影されていたのである．これらの一部はマスコミにも流れていた．検察に対する開示請求よりも優先される重要証拠である．

写真8　東急本店前，15：26 ごろ．中央が星野氏．大坂氏の姿はない．『前進』第 560 号．

さらに，弁護団は，星野氏は殺害現場の位置から東南 10m の交差点位置にいたと主張する．殺害現場は梅澤精米店の前としている．しかし，中村巡査の焼死体は神山町東交差点近傍の横断歩道上にあった（写真 9，10）．

写真9　中村巡査の焼死体．横断歩道上に横たわっている．右後
　　　　方に梅澤精米店がある．中央後方に PL 病院（北西方向）が見
　　　　える．神山町東交差点までわずか 3m の位置である．横断歩道
　　　　の焼失は，殺害が横断歩道上で行われていたことを示す．こ
　　　　こからわずか数歩の位置に星野氏は立っていたことになる．
　　　　殺害場所は梅澤精米店の前ではなかった．

写真10　炎に包まれる中村巡査．横断歩道が識別できる．

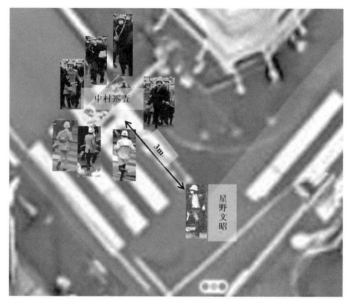

中村巡査

3m

星野
文
昭

写真11 神山町東交差点上の殺害位置の推定図. 星野氏は殺害現
場の直近にいた.

　星野氏のアリバイでは空白の2分が生じ，殺害現場との位置で
は直近（3m）にいた可能性があり，供述と合わせ，星野氏の弁護
はきわめて厳しいものであった.

　今後の大坂被告の弁護もまた厳しいものになる. まず中核派の
写真の提出が求められるのであり，それにより事件の全貌が明ら
かになる. 画像はデモ参加者の個人識別と共に犯行の全てを立証
しうる. 殺害の中心にいた反戦労働者が無罪となり，2つの大学
の学生が主犯とされた本件が，最後の裁きを前にして，弁護活動

が完璧に機能し得るのか，中核派によるカラー写真の提出こそが
すべてを握っている．写真は，中核派の犯行そのものを写真班が
リアルタイムで撮影していたことを示す．

　当時，三里塚では1971年9月16日に東峰十字路で警官3名の
殺害事件があった．警官の顔面と頭部が徹底的に破壊された．三
里塚では未成年者が次々に逮捕され，彼らの自白による大量逮捕
で，55名の被告人が起訴された．しかし物証はほとんどなかった
（鎌田慧，1985；伊佐千尋，1988）．本件も類似の状況があった．
違いは，焼却による殺害と大量の証拠写真である．49年の月日が
たち，裁判が開始された．弁護団がこの大量の写真という物証を
どのように扱うか，裁判を決定づける．

参考文献

1)　星野さんを取り戻そう！全国再審連絡会議，『愛と革命　星
　　野文昭・暁子の闘い』，ギャラリーステーション，2013.
2)　小川進，『防犯カメラによる冤罪』，緑風出版，2014.
3)　鎌田慧，『三里塚東峰十字路』，第三書館，1985.
4)　伊佐千尋，『成田空東峰十字路事件　衝突』，文藝春秋，1988.

12 結論

　AI 裁判が始まろうとしている．冤罪事件を片付けていると，刑事事件だけで 15 件を超えた．次々と，コンピュータを使った鑑定を提出していった．そのうちの半数で，AI の Amazon Rekognition を使用した．当時，画像処理による解析と同時に自動車事故の解析も多かった．DNA による個人識別を別にすれば，刑事裁判は半数が勝訴していた．AI は十分有効であり，ほかのコンピュータ解析も民事刑事を含めて，勝ちを収めていった．本書では，これら過去の刑事事件を中心に，今後の AI 裁判の展望を考えてみた．

1.　現在の AI で裁判に最も有効なソフトは，Amazon の Rekognition であり，個人識別ができる．科捜研や科警研の鑑定人（法医学）の誤りを証明した．
2.　防犯カメラによる個人識別では，対象とする被告人を超広角レンズで撮影すれば，Rekognition で判別できる．
3.　Rekognition の判別は類似度で評価され，目鼻口の顔の部品がないと，判定できない．
4.　現在の AI で，裁判に有効なソフトはクラウドと呼ばれるインターネット経由のもので，今後の主流になる．
5.　AI の開発は，個別の事件ごとに容易に行われて，裁判では有力な武器になる．
6.　自動車事故の運動計算では，県警ベースで実行され，検察起

訴の根拠になっているが，不完全な結果を露呈している．

7. 画像の 3 次元化も進行し，写真や動画から簡便に作成される
   ようになってきた．PhotoScan は有力なソフトである．

8. 冤罪事件の被告人否認の事例では，AI の活用により真犯人の
   同定が容易にできる．

付　　録

1.　Photoshop

　Photoshop は，写真画像を加工するためのソフトであり，裁判に必要な画像処理はすべて含まれている．次項の Photoscan, PowerDirector, Shade とともに使用すれば，3 次元画像，動画，コンピュータグラフィックスまで，裁判で必要な証拠はすべて加工でき，裁判を有利に進めることができる．特に，画像を証拠とする刑事事件で重要な役割を果たす機能は，鮮明化，レンズ歪の復元，スーパーインポーズである．

図 1　PhotoShopCS6 の開始画面.

（1）鮮鋭化

　画面の上の「アプリケーションバー」から「イメージ」を開くと，「色調補正」がある．これでほとんどの明るさとコントラストの調整が図れる．「色相・彩度」からは色の調整ができる．「影」を消すこともできる．また，「フィルター」から「シャープ」を選べば，鮮鋭化ができる．

写真1　渋谷暴動事件の原画（左）と鮮鋭化処理後の画像（右：自動トーン補正）.

（2）レンズ歪の復元

　カメラは，レンズが広角，標準，望遠と選択できる．普通，焦点距離35㎜が選択されるが，防犯カメラでは，画角90°に相当する18㎜の超広角（魚眼）レンズが使用される．この補正には，上部のアプリケーションバーからフィルターを開き「レンズ補正」を選択する．メーカー，モデル，レンズを選べば，標準レンズの画像に変換できる．

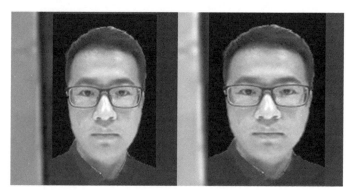

写真2　防犯カメラ原画像（左），補正した画像（右）.

(3) スーパーインポーズ

　警察の鑑定で，頻繁に使用されるのがスーパーインポーズである．防犯カメラの犯人画像と容疑者の画像を重ねて，同一性を証明する方法である．これには2つの画像をそれぞれ開き，その寸法と解像度を統一する必要がある．アプリケーションバーから「イメージ」を開き，「画像解像度」を選択する．幅と高さを読む．もう一方の画像を開き，同様に幅と高さを確認する．次に画面の左の「ツールパネル」から上から2番目の「長方形選択ツール」を選び，2つの画像の大きさを合わせ，イメージから「切り抜き」を選べば，切り取れる．ここから，一方の画像をコピーして，他方に張り付ける．コピーの前に必ずアプリケーションバーの「選択範囲」から，「すべてを選択」を選ぶ．コピーと貼り付けは，アプリケーションバーか編集を開き，選ぶこともできるが，普通はキーボードのコントロールボタン+C ないしは V で行う．重ねた後，顔の位置を合わせるように，切り抜きを繰り返す．最後に，イメージから画像解像度を開き，ピクセル数の幅を一致させれば，完全に重なる．重ねた画像は画面右のパネルから，「透明度」を変えて，スーパーインポースができる．

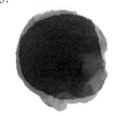

写真3　防犯カメラ画像（左），被告人画像（中）とスーパーインポーズ（右）．

2. Photoscan

現在，Metashape にバージョンアップされているが，写真画像から3次元画像を容易に作成するには十分なソフトである．ドローン用に開発されたが，安価に3次元画像ができる．

写真4　赤村古墳の 3D 画像．数百枚の写真から3次元画像になる．

3. PowerDirector

多くの動画に対応し，一コマずつのコマ送りと加工ができる．

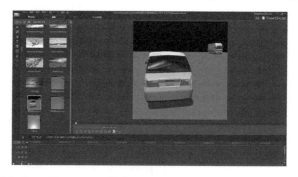

図2　PowerDirector の開始画面．ほとんどの動画に対応し，1
　　　コマずつ送れる．

　コマ送りした画像は，JPG 画像として保存し，使うことができ
る．

4.　Shade

　自動車事故の衝突の再現シミュレーションで使用した．3 次元
コンピューターグラフィックス（3DCG）の動画を作成するには，
安価で強力なソフトである．3DCG が 3 日で完成できる．

図 3　自動車事故に使った自動車のモデル（再掲）

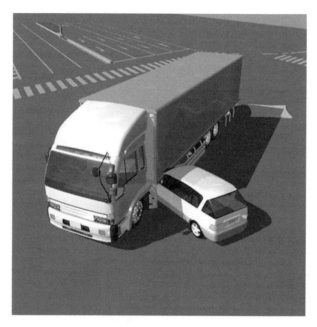

図4 完成した衝突事故のアニメーション（再掲）.

　直進車と右折車の事故で，直進車の運転手死亡のまま，不利な
裁判が進行したが，このアニメーションで完全勝訴した.

参考文献

1)　井村克也, ソーテック社,『Photoshop スーパーリファレンス
　　 CS4』, ソーテック社, 2009.

2)　Shadewriters, 『Shade3D ver. 14 ガイドブック』, BNN, 2013.

あとがき

　今から 47 年前（1973 年）に，千葉市蘇我町で稲葉正さんに川崎製鉄の公害について，伺っていた．その後，住民の代表として長い裁判を始めることになる千葉高校の物理の先生であった．同校の科学部の活動を通し，川崎製鉄の公害の実態を調査していた．稲葉さんは戦時下に東京大学工学部航空学科に進学し，生産技術研究所に所属していた．同級生に原善四郎さんがいた．原さんは 1973 年には東京大学工学部金属工学科の助教授で，生産技術研究所に所属していた．かつて，白鳥事件の鑑定人として，検察の証拠として提出された弾丸の分析を行い，警察の捏造であることを見破った．当時，お二人は裁判の準備をしていた．筆者はこの公害の元凶である粉塵の化学分析を行った．次いで，沖縄に建設されていた石油備蓄基地の公害に悩まされていた農民・漁民が原告として，1974 年に三菱石油と争う裁判を提訴し，そのお手伝いをすることになった．

　この 2 つの裁判が筆者の人生を大きく変えることになった．1967 年に提起された水俣病裁判に始まり，各地で公害裁判が相次いで起こっていた．こうした裁判は，弁護士だけでは提訴ができず，実質，大学の教員が担当していた．「手弁当」という厳しい条件で行われていた．

　あれから 30 件を超える民事，刑事事件を鑑定人として担当してきた．刑事だけでも 15 件を超えた．過去 10 年間に 6 件で勝訴した．起訴された刑事事件の 99.9％が有罪になる状況で，「冤罪弁護士」といわれる今村核弁護士は 20 年間で 14 件の無罪を勝ち取ったという．彼は裁判の約半数で鑑定人を使用した．

最近の裁判が大きく従来のものと異なるのは，原発裁判を含む公害裁判と似て，一線の学問が争われていることである．常識が問われているのではなく，最新の科学・技術が問題とされている．中でもAIと呼ばれる「道具」が使われ出した．

本文にある通り，AIとは人工知能のことであるが，ディープラーニングを使う最適化手法である．刑事事件を扱ううちに，橋本政次東京歯科大教授と法廷で対面することになった．彼は歯学の履歴から，いつしか年間240本の刑事訴訟の鑑定を行う鑑定人になっていた．3度の法廷での対面があり，3度目の法廷で，千葉地検の検事に対して，彼のようなあいまいで恣意的な鑑定でなく，AIによる鑑定を提起した．実際，AmazonのRekognitionを使ってみた．冤罪事件では，このAIはきわめて有効であった．

現代社会で発生する事件はもはや弁護士が事件を解明する水準を超えた．

本書では，AI裁判の到来を感じつつ，最新の裁判の現状を担当した事件から鑑定内容の解説を行った．なお，被告人の画像は，解像度を下げるか，別人の写真に差し替えた合成画像である．ほかは文献とインターネットからダウンロード，引用したものである．

最後に，本原稿の出版を快諾された緑風出版の高須次郎氏に感謝したい．協力をいただいた弁護士諸氏にも謝意を表したい．

出版は，憲法の「学問の自由」と「表現の自由」で保障されており，いかなる干渉も受けないことを改めて宣言したい．

参考文献
1) 今村核，『冤罪弁護士』，旬報社，2008．

[著者略歴]

小川進（おがわ　すすむ）
　空間技術研究所所長、長崎大学大学院元教授（工学博士、農学博士）
　主な著書：『LNGの恐怖』（亜紀書房、共訳）、『LPG大災害』（技術と人間、共著）、『都市域の雨水流出とその抑制』（鹿島出版会、共著）、『阪神大震災が問う現代技術』（技術と人間、共著）、『防犯カメラによる冤罪』、『放射能汚染の拡散と隠蔽』、『福島原発事故の謎を解く』（以上、緑風出版）。学術論文324編。

AI 裁判

2020年10月30日　初版第1刷発行　　　　　　定価1800円＋税

著　者　小川進 ©
発行者　高須次郎
発行所　緑風出版
　　　　〒113-0033　東京都文京区本郷2-17-5　ツイン壱岐坂
　　　　［電話］03-3812-9420　［FAX］03-3812-7262　［郵便振替］00100-9-30776
　　　　［E-mail］info@ryokufu.com　［URL］http://www.ryokufu.com/

装　幀　斎藤あかね
制　作　R企画　　　　　　　　印　刷　中央精版印刷・巣鴨美術印刷
製　本　中央精版印刷　　　　　用　紙　中央精版印刷　　　　　　E1200